中國学術思想 研究輯刊

四十編

林慶彰 主編

第 11 冊

智儼生平及其華嚴思想

杜萍萍 著

花木蘭文化事業有限公司

國家圖書館出版品預行編目資料

智儼生平及其華嚴思想／杜萍萍 著 -- 初版 -- 新北市：花木
蘭文化事業有限公司，2024〔民 113〕
目 2+160 面；19×26 公分
（中國學術思想研究輯刊 四十編；第 11 冊）
ISBN 978-626-344-775-2（精裝）
1.CST：（唐）釋智儼 2.CST：華嚴宗 3.CST：學術思想
4.CST：佛教傳記
030.8   113009264

ISBN-978-626-344-775-2

中國學術思想研究輯刊
四十編　第十一冊   ISBN：978-626-344-775-2

智儼生平及其華嚴思想

作　　　者　杜萍萍
主　　　編　林慶彰
總　編　輯　杜潔祥
副總編輯　楊嘉樂
編輯主任　許郁翎
編　　　輯　潘玟靜、蔡正宣　美術編輯　陳逸婷
出　　　版　花木蘭文化事業有限公司
發　行　人　高小娟
聯絡地址　235 新北市中和區中安街七二號十三樓
　　　　　　電話：02-2923-1455／傳真：02-2923-1452
網　　　址　http://www.huamulan.tw 信箱 service@huamulans.com
印　　　刷　普羅文化出版廣告事業
封面設計　劉開工作室
初　　　版　2024 年 9 月
定　　　價　四十編 15 冊（精裝）新台幣 40,000 元　　版權所有·請勿翻印

智儼生平及其華嚴思想

杜萍萍 著

作者簡介

姓名：杜萍萍　性別：女　年齡：44 歲

教育背景：

2004 年 9 月～ 2007 年 7 月：吉林大學哲學社會學院哲學系中國哲學專業學習，獲得碩士學位，研究方向是中國近現代哲學新儒家，畢業論文題目「儒家哲學關於心的德性和知性思想——以徐復觀論《大學》為例」。

2007 年 9 月～ 2010 年 7 月：吉林大學哲學社會學院哲學系中國哲學專業學習，獲得博士學位，研究方向是華嚴宗宗教哲學。

工作經歷及職責：

2010 年 7 月～至今：山東省山東科技大學，專職教師。

職責：引導大學生提高思想道德素質和法治素養，成長為有理想、有本領、有擔當民族復興大任的時代新人。

代表作：再讀《牟子理惑論》，「致良知」：儒學聖門代代相傳的精義要訣試論荀子的認識之路，試論當前網絡文化環境下的中華文化自覺建設，以《學記》為例試探止語在家庭教育中的作用，新時代高校勞動教育課程評價體系完善對策探析等。

提　要

智儼法師作為華嚴宗二祖，對初期華嚴宗哲學的創立與形成有重要貢獻。其思想上承初祖杜順法師的法界觀門玄旨，下開三祖法藏法師華嚴思想的集大成，對華嚴的思想義理多有開創作用。以後的祖師及華嚴學者研究華嚴哲學思想多沿襲其所開創的義理，並且成為華嚴宗重要的核心思想。智儼法師以華嚴為業，歸宗於華嚴，將畢生的精力都奉獻給華嚴的研習與弘傳事業中。本文試圖在借鑒學術界已有研究成果的基礎上，通過對智儼著作文本的梳理和解讀，在整個華嚴思想發展史背景中來把握智儼法師的生平及華嚴思想。具體關注智儼法師對華嚴宗哲學義理的闡釋，深刻剖析智儼法師在華嚴宗義理方面的首創性理解及其對以後華嚴宗哲學思想的影響。

目

次

前　言

一、選題意義與研究價值

在漫長的中國古代思想的歷史長河中，主流思想不斷地在轉型，先後經歷了先秦子學、兩漢經學、魏晉玄學、隋唐佛學、宋明理學和清代樸學。這些不同的學術形態，都包含了豐富的哲學思想。如果無視魏晉至隋唐佛教哲學中國化的性質與地位，中國哲學史在隋唐時代就會出現斷層。撇開了佛教思想，中國文化勢必遜色。隋唐時期是中國佛教的大成時期，由於國家的統一，經濟、政治、文化的高度發達，佛教哲學理論取得了空前繁榮的景象。「隋唐佛教哲學是中國佛教哲學的巔峰，與以前佛教相比，其特點是：第一，佛教哲學體系化；第二，佛教哲學中國化；第三，佛教哲學深刻化。」〔註1〕隋唐時期的佛教在發展的過程中陸續成立了一些宗派，形成了三論、天台、華嚴、淨土、唯識、律、禪和密八宗。這也是自漢以來佛教理論在中國這片土地上長期發展並且與固有的傳統思想不斷融合的結果。「佛教哲學與民族傳統文化結合的更緊密，是理論的需要，也是社會的需要。它更加中國化，更具有中華民族的特色。」〔註2〕

眾多宗派中，最具有中國特色且最能體現中國哲學思辨精神的當屬天台宗和華嚴宗。在隋唐佛學中，華嚴宗與禪宗出現最晚，對道學的影響卻最大。〔註3〕因為愈是晚出的宗派，就能愈多地將以前消化的佛學與中國傳統哲學

〔註1〕　參考：方立天，《中國佛教哲學要義》上卷，北京：中國人民大學出版社，2005年1月，第49～50頁。

〔註2〕　任繼愈，《漢唐佛教思想論集》，北京：人民出版社，1998年5月，第60頁。

〔註3〕　侯外廬，《中國思想通史》第四卷上冊，北京：人民出版社，1995年10月第5次印刷，第231頁。

—1—

思想糅合一起。中國禪宗雖極具中國人的創造性，但其宗旨是直指心性，見性成佛，主張「不立文字」，摒棄一切煩瑣的教義。禪宗的義理思想比較玄妙，不是單靠知性的語言與觀念分析所能說明的，「禪是純粹屬於個人私有的。」〔註4〕相對來說，華嚴宗則是富有濃厚的理論色彩，其哲學理論非常豐富，是中國佛教哲學思維的巔峰，也可以說華嚴宗的理論實質上是佛教哲學的歷史總結。對世間現象之間的關係以及概念之間的關係的分析，達到了很高的理論思維水平。華嚴宗學說不僅在中國歷史上影響了許多思想家，而且在今天，它仍受到中國及世界上許多國家思想界的高度重視。

華嚴宗因以《華嚴經》為根本典籍，因而得名。《華嚴經》歷來被稱作「經中之海」、「經中之王」。「海」表示廣大無邊、無窮無盡，「王」意味最尊貴，最高深。後魏光統律師（慧光大師）強調《華嚴經》為正教之根本，立漸頓圓三教，以判群典，以華嚴為圓教。華嚴四祖澄觀法師亦曾說過「不讀華嚴經，不知佛富貴。」〔註5〕蓮池大師也說「華嚴具無量門，諸大乘經，猶華嚴無量門中之一門耳。華嚴，天王也，諸大乘經，侯封也，諸小乘經，侯封之附庸也。」實涵攝深意，由此可知此經之尊勝。華嚴宗作為中國佛教思想史上一朵奇葩，歷久彌新，取得這樣的成就和華嚴宗五位祖師密切相關。他們潛心著述，功不可沒。有關華嚴宗宗祖的著述及文章已有不少，但是在華嚴宗五位祖師之中，二祖智儼似乎是被忽略了。在智儼法師之前是有著傳奇色彩並以神異靈通聞名的華嚴初祖杜順法師，唐太宗曾賜號「帝心」，故有「帝心尊者」之稱。在智儼之後是聲名顯赫的三祖法藏，為武則天所崇敬，曾賜號「賢首」。相比之下，二祖智儼法師這種外在的榮譽光環確實有所不及。但以智儼法師的才華及其對華嚴宗思想的貢獻，這種現象確實令人費解。智儼少年時就得到「弘法之匠」、「天縱哲人」的讚歎，對華嚴義理多有開創作用。或許是因為智儼在他盛年之時「棲遑草澤，不竟當代。及乎暮齒，方屈弘宣」的行徑，使他錯過了出道打造知名度的最佳時機罷。〔註6〕智儼法師上承初祖杜順法師的《法界觀門》玄旨，下開三祖法藏法師華嚴思想的集大成，其思想承上啟下。智儼法師是華嚴五祖中第一位系統注解詮釋《華嚴經》，即《搜玄記》，把原經

〔註4〕鈴木大拙，《什麼是禪》，摘自黃河選編，《佛學二十講》，北京：華夏出版社，2008年1月，第28頁。

〔註5〕參考：澄觀，《華嚴經行願品疏鈔》卷二，《卍續藏》第5冊。

〔註6〕參考：鍾志彭，《論智儼之判教思想》，《華嚴專宗學院佛學研究所論文集》（六），第11篇文章，首頁。

對神通境界的描述和列舉修行的敘事結合起來，從中提出一系列成對的概念，用以概括一切佛法，及一切世間和出世間現象，並運用於論證華嚴義理，對華嚴思想義理具有開創作用。以後的祖師研究華嚴思想，多沿襲二祖智儼所開創的義理，從而發展成為華嚴宗重要的核心思想。在智儼原創性，內含豐富思辨哲學的華嚴思想中，所表現出的圓融性思維、相對性思維、整體性觀念、直覺性思維等在當今仍有重要的現實意義，值得借鑒。

　　本文之所以選題「智儼的生平及其華嚴思想」，除了智儼法師一直受到冷落，長期以來國內研究智儼相關的專著及文章屈指可數外，更主要是由於本人對隋唐佛學很感興趣，特別是華嚴這一支。筆者很想進入到華嚴「圓融無礙」「事事無礙」的境界，感受一下那份精神上的超然與解脫；很想領略一下佛家中且富且貴的王者風範；同時也希望通過研讀華嚴學者著作中所表現出深邃的哲學思維與清晰的邏輯來薰陶自己的哲學素養。正是這樣，論文的寫作具有了厚重的責任感，同時又是在興趣引導下，和強烈的求知欲驅使下完成的。正是有了這樣的責任感、興趣和求知欲的陪伴，使得一千多個冷寂枯燥的日夜筆耕不輟，內心始終信心滿滿，心潮澎湃而怡然自得。當然，筆者功力有限，在研究智儼生平及華嚴思想方面只做了一些基礎性工作，這還遠遠不夠，還要在深度和廣度上繼續努力。筆者願意在此貢獻一點自己的見解，希望能有拋磚引玉之效，就教於學術同仁，敬請方家指正。

二、研究方法及主要內容

　　本文以詳實的原典文本和史料文獻彙編為素材，以已有研究成果為參照，運用文獻學方法、哲學方法、思想史方法和對比法相結合，以哲學性論題為主，特別注重評估智儼的華嚴思想的價值。通過理性的分析、比較、歸納和概括，力求客觀、具體、科學、全面地展現智儼華嚴思想的哲學意蘊。在整個華嚴思想發展史背景中，來把握智儼的生平及華嚴思想。具體關注智儼是如何理解晉譯《華嚴經》，以及如何建構華嚴宗思想義理。運用文獻考據學和思想史相結合的方法對智儼法師的生平事蹟及其著作文本進行梳理，然後再與相關史料文獻進行比照，整體把握智儼的生平及其華嚴思想。這種對文本文獻的梳理和比照要求具有腳踏實地及認真為學的態度，這是任何研究智儼華嚴思想的學者所必須具備的，這也是進一步深入研究其思想的前提、基礎和突破口。本文還將深刻剖析智儼現存華嚴方面的四本著作，尤其是對其中智儼首創

性的華嚴義理思想，運用哲學概念的方法進行解析和論證。關注智儼在解經和注經過程中所體現的思維方式的特徵，並從整體上把握智儼的華嚴思想。本文的重點，主要是圍繞智儼作為中國人以其特有的思維方式及理性精神對《華嚴經》所作的解讀，尤其是在智儼首次提出的華嚴義理思想中所表現出二者的互攝互融，如六相、十玄、性起等所表現的思想特色，進一步揭示華嚴宗思想所包含的哲學意蘊。

論文的主體部分共分為五章，另有前言、結語兩節，共由七個部分組成。第一章「智儼與華嚴思想」；第二章「智儼的判教思想」；第三章「智儼的六相思想」；第四章「智儼的十玄思想」；第五章「智儼的法界緣起思想」。

前言：主要包括三部分：一是闡明本文的選題意義和選擇「智儼的生平及華嚴思想」這一課題的研究價值。二是對本文的研究方法及主要內容做以概括性介紹，從而為全文描繪了一個整體性的藍圖。三是就目前國內外學術界對智儼華嚴思想理論的研究現狀做一梳理，只有在全面瞭解研究現狀的基礎上，才能在別人結束的地方開始。

第一章：「智儼的生平與思想」。本章的《華嚴經》的淵源、主要內容及華嚴宗的形成構成了智儼的華嚴思想研究的前提及背景。本章對二祖智儼法師的生平劃分為幼年、青年、中年、暮年四個時期分別進行論述，然後對智儼的四本華嚴著作做一簡單的介紹。

第二章：「智儼的判教思想」。判教即是「佛教的義理史觀」，是佛教高僧對經典和歷史的一種判釋。就二祖智儼法師而言，他在總結前人判教學說的基礎上，提出了自己的判教學說。其判教說充分體現了作為初期華嚴宗代表人物所要建立判教的必要性，藉以確立華嚴經之殊勝地位，並且也是華嚴創宗依據的一種重要手段。二祖智儼法師的判教學說可說是在前人判教學說的基礎上，有所融合有所創新，但不論是哪一種判教，智儼大師都是將《華嚴經》放於首要位置，以顯示本經《華嚴經》在諸佛典中的殊勝地位。並且突出強調《華嚴經》中「一乘別教」「無盡緣起」的理念。智儼的「五教」判說為華嚴宗「五教十宗」判教體系提供了最初的基本架構。

第三章：「智儼的六相思想」。本章主要是對智儼華嚴思想中首創的義理即「六相圓融」義進行解析論證。「六相圓融」是華嚴思想的重要部分，也是華嚴宗思想特色之一。在華嚴宗祖師中二祖智儼法師最早提出了「六相圓融」的說法，成為華嚴宗中這一重要義理的開創者。「六相」原出於華嚴經初地十

大願之第四願之文，世親撰《十地經論》開闡之，慧遠予以解釋說明，智儼發揮其旨。至此，「六相圓融」義在華嚴家扎下根，並且開出一朵絢麗思想之花。智儼對六相名目的界定，可以看出裏面的「六相圓融」無礙之義。「六相圓融」說要求人們從總別、同異、成壞三方面看待一切事物，但更要透過此方面認識到每一事物都處於總別相即、同異相即、成壞相即的圓融狀態。世間諸法現象的構成及現象與現象的關係也是如此。全體與部分、同一與差異、生成與壞滅是相即相入圓融無礙的無盡緣起關係。

　　第四章：「智儼的十玄思想」。華嚴宗以十玄門與六相圓融之說為根本教理，歷來並稱「十玄六相」，二者會通而構成華嚴宗「法界緣起」之核心內容。《華嚴一乘十玄門》是智儼的重要著作，篇幅不大，集中論述了十玄的教理。本章主要以《華嚴一乘十玄門》為主，探討其中所包括的圓融思想。從十玄思想的來源看，智儼是承自杜順的。但是，十玄的概念卻是經論中所未曾提出過的，應該始自智儼。這是在經、論裏都未見有明文的，所以「十玄」也是由智儼首創。智儼法師「約法以會理」，引出對「十玄門」的展開論述。即從佛教名相概念分析，來探究華嚴玄理。十玄門即是一同時具足相應門（此約相應無先後說）、二因陀羅網境界門（此約譬說）、三秘密隱顯俱成門（此約緣說）、四微細相容安立門（此約相說）、五十世隔法異成門（此約世說）、六諸藏純雜具德門（此約行行）、七一多相容不同門（此約理說）、八諸法相即自在門（此約用說）、九唯心迴轉善成門（此約心說）、十託事顯法生解門（此約智說）。智儼認為，「此十門其中一一皆稱周法界，所以舉十門者成其無盡義也。」「十玄門」很好的解決了一與多的關係，無論是在空間的、時間的或事實的立場上，其內涵無不是克服對立。主要是說明緣起法之間互為條件、互相包含、相即相入、圓融無礙的關係，從而立此十玄門。揭示出十個玄妙的緣起法門，十門相即相入，主伴具足，重重無盡，事事無礙。

　　第五章：「智儼的法界緣起思想」。二祖智儼法師在《華嚴一乘十玄門》中說：「華嚴一部經宗，通明法界緣起。」此即說明智儼法師認為一部《華嚴經》的宗旨即在說明「法界緣起」的道理，可以概括其全部理論。智儼大師首倡「法界緣起」說，在承繼初祖杜順法師的思想理論基礎上，將「法界緣起」奠立為華嚴教學的慣用語。華嚴宗用「法界緣起」來解釋宇宙的形成和眾生在世間所遇到的種種現象，而且把「法界緣起」分為兩門加以闡釋，即「緣起」與「性起」兩門。「法界緣起」核心內容雖為「十玄六相」，但本文章主要以論證

智儼的「緣起」與「性起」觀內容為核心。二祖智儼法師認為「性起」是最圓滿的一乘教的教義，是法界緣起之本際的觀念；性起者，事物本來具足真實本性，非隨緣而有所增損，常顯自在之作用；即真如法性，不待因緣，依自性本具之德用，起為迷悟情非情之萬有。性起的意思，在於說明宇宙萬法的成立，不來自各種緣起，而是自己本性的顯現，「性起」是真如，為萬法的本體，萬法是真如的顯相，真如為本體，萬法為現象。

結語：智儼的一生是著述弘法的一生，以教育徒眾為職志，一生不求名聞，風範清高，畢生都奉獻給華嚴的研習與弘傳事業中。智儼法師以其參學多方、所學到的知識體系來研讀《華嚴經》，終有所成。在華嚴宗思想義理方面奠定了堅實的基礎，實是中國華嚴宗思想義理的開創者。智儼法師上承初祖杜順法師的《法界觀門》玄旨，下開三祖法藏法師華嚴思想的集大成，其思想承上啟下，對華嚴的思想義理多有開創作用。

三、研究現狀

儘管與禪宗、天台的研究相比，華嚴宗的研究說不上繁榮，但是國內國外還是有很多重要的研究成果。從國外看，日本學者的研究無論是從深度和廣度看，都是首屈一指的。對於智儼的研究，日本也有不少的成果。這點從鎌田茂雄所著《華嚴學研究資料集成》（東京：大藏出版社，1983 年）第 9 章第 2 節中所記錄的眾多有關智儼的日文論著，便可以看出來。就筆者所見，日本學者相關的研究成果有：

1. 梅什照智：〈智儼□判教□□□□〉，《印度學佛教研究》，1958 年第 6 卷第 2 期。

2. 鎌田茂雄：〈五十要問答心所有法義□基□□資料□□□□〉，《印度學佛教研究》，1958 年第 6 卷第 2 期。

3. 鎌田茂雄：〈智儼□宗教□思想史的役割──佛教□中國的變容─〉，《駒大佛研紀要》，1962 年第 21 期。

4. 木村清孝：〈智儼□□□□「十」□觀念〉，《印度學佛教研究》，1967 年第 16 卷第 2 期。

5. 木村清孝：〈智儼□義湘系□華嚴思想──五海印說□□□□─〉，《印度學佛教研究》，1973 年第 21 卷第 2 期。

6. 石橋真誠：〈智儼□思想的系譜〉，《印度學佛教研究》，1976 年第 24 卷

第 2 期。

7.〈智儼□學問的立場──□□基礎的問題□檢討─〉，《佛教學創刊號》，1976 年。

8. 中條道昭：〈朝鮮華嚴文獻□□□□智儼□傳記〉，《印度學佛教研究》，1977 年第 26 卷第 1 期。

9. 木村清孝：〈智儼・法藏□三階教〉，《印度學佛教研究》，1978 年第 27 卷第 1 期。

10. 中條道昭：〈智儼□判教□□□□〉，《印度學佛教研究》，1979 年第 27 卷第 2 期。

11. 日置孝彥：〈搜玄記□一乘十玄門□□□□□法界緣起□相違〉，《印度學佛教研究》，1979 年第 27 卷第 2 期。

12. 石井公成：〈智儼□性起說〉，《□□□□□□》1979 年第 67 期。

13. 石井公成：〈智儼□如來藏思想〉，《印度學佛教研究》，1981 年第 28 卷第 2 期。

14. 織田顯佑：〈智儼□阿梨耶識觀〉，《佛教學》，1982 年第 136 期。

15. 織田顯佑：〈智儼□同別二教判〉，《印度學佛教研究》，1983 年第 31 卷第 2 期。

16.〈華嚴一乘思想□成立史的研究──地論宗教判史□□見智儼□教學─〉，《華嚴學研究》，1985 年第 2 期。

17. 鍵主良敬：〈智儼□□性起思想□一特質〉，《大谷大學研究年報》1987 年第 39 期。

18. 織田顯佑：〈真妄□□理事□──法藏□智儼觀〉，《佛教學□□□□》，1988 年第 47 期。

19. 鄭舜曰：〈智儼性起思想特質〉，《印度學佛教研究》，1991 年第 39 卷第 2 期。

英文的相關研究成果有：

1. Francis H. Cook. Hua-yen Buddhism──The Jewel Net of Indra [M]. The Pennsylvania State University Press, University Park and London, 1977.

2. Garma C. C. Chang. The Buddhist Teaching of Totality──The Philosophy of Hwa Yen Buddhism [M]. The Pennsylvania State University, 1971; London, George Allen & Unwin Ltd, 1972.

3. Robert M. Gimello. Chih-yen and the Foundations of Hua-yen Buddhism [M]. Michigan, Ann Arbor, University Microfilms Press, 1976.

4. Steve Odin. Process Metaphysics and Hua-yen Buddhism [M]. State University of New York, 1982.

5. Cleary, Thomas F. Entry Into the Inconceivable: An Introduction to Hua-yen Buddhism [M]. Hawaii: University of Hawaii Press, 1983.

6. Peter H. Gregory. Tsung-mi and the Signification of Buddhism [M]. Princeton: Princeton University Press, 1991.

總體上看，日本學者的研究是比較細緻和充分的。特別是在討論智儼師承上有比較多的創建。可惜的是，大多數的日文和英文資料本人只是看到了論文和著作的名稱，沒能閱讀到具體內容。

就中文的研究看，主要有以下幾類：

1. 由中國佛教協會主編的《中國佛教》第二輯中，收入譯經、義解、參禪、明律、立宗判教、傳道護法等方面有過較大貢獻的佛教人物 92 人。其中第三十七就是智儼，這是由著名佛教學者黃懺華撰寫。文章雖只有一千餘言，但對智儼法師的生平、弟子、著作、學習華嚴經過及主要思想等都予以簡單明瞭的概括。但遺憾的是，此書是 1955 年為斯里蘭卡英文佛教百科全書撰寫的條目，有關智儼這一條目（文）也只是介紹性質的。

2. 廖明活撰《智儼判教思想的形成——〈搜玄記〉和〈五十要問答〉的判教學說》，作者認為探討智儼的判教思想，當以《搜玄記》、《五十要問答》、《孔目章》三部作品為根據。這三部作品的判教學說，分別代表了智儼判教思想的醞釀、發展和集大成三個階段。在這裡作者用了近一萬五千言對前兩階段作以討論。作者認為智儼創立了具有自身特色的判教體系，為日後華嚴宗判教學說的發展提供了基本的架構和明確的方向。作者在引言中提到智儼跟地論、攝論這兩學統有密切關係，並且承襲地論、攝論學統的判教說法，但是作者並沒有說到具體承襲了地論、攝論學統的哪些判教說法。廖明活為華人學術界研究智儼的先驅。

3. 廖明活撰《智儼的「緣起」和「性起」思想》，文中關於「智儼的性起觀」一節沿用了廖明活本人 1995 年所寫的《華嚴宗性起思想的形成》（載於《中國文哲研究集刊》）的部分文字。文章主要是對智儼的現存著作《搜玄記》與《孔目章》中論及「緣起」和「性起」的相關主要章節，作以詳細的分析和

闡釋，以顯示「緣起」與「性起」這兩個相關觀念在初期中國華嚴教學裏的意義和關係。文章萬餘言始終圍繞「緣起」和「性起」這兩個核心觀念，並且對智儼也做出了中肯的評價即「智儼可說是中國華嚴教學的先驅」。

4. 廖明活撰《華嚴宗性起思想的形成》，「性起」觀念在華嚴宗教學裏佔有重要位置，佛教史家將其視之為華嚴宗思想的主要標識。作者認為華嚴宗教學體系之形成，以智儼和法藏二人貢獻最大，而他們均曾論說性起問題。文章試通過分析智儼和法藏在這方面的章節，顯示性起觀念在早期華嚴教學裏的意義和位置。

5. 鍾志彭撰《論智儼之判教思想》，文章以智儼論及判教思想的原典為經，以《華嚴宗教義始末記》中的內容為緯，旁及近代學人的著作，來論述智儼的判教思想。全文共分六章，文中第一章有一千餘言探討了智儼早年的參學歷程及思想淵源。這對於本文寫作有關智儼的生平狀況提供了重要的參考信息。第二章至第四章分別介紹智儼《搜玄記》、《五十要問答》、《孔目章》三本著作中的判教理論。第五章「智儼判教思想之演進及分期」。第六章略述智儼之判教思想與法藏的傳承關係，並對智儼著作中在討論各種佛學問題時所採用分類排比的方式予以充分的肯定和讚賞。

6. 莊昆木撰《略論華嚴別教一乘與同教一乘之異同》，文中是以智儼的《搜玄記》、《孔目章》與法藏的《五教章》為中心來討論同別二教的相關問題。作者主要是通過文本論證日本學者吉津宜英《華嚴一乘思想研究》（東京：大東，1991 年）一書中認為法藏特有的「別教一乘優越論」一說不能成立，根據作者的考察論證認為在智儼這裡也具有法藏般的論調。

7. 魏道儒撰《從〈華嚴十玄門〉解析佛學中國化》，文中通過分析智儼的《華嚴一乘十玄門》，從一個側面探索佛學中國化的實際過程、具體階段，以及創新思想的內容、特點和價值。文中指出智儼首創的十玄門是對法界緣起或一乘緣起的說明，「一乘緣起」是關於世界、人生和各種現象理想存在狀態的學說。智儼在詮釋經典過程中表現出強烈的理性精神。作者認為佛學中國化的過程是分階段進行的不斷深化的過程，具有濃重的地域色彩。獨具特色的中國佛教，更多地負載著中華民族的精神、凝聚著中土信仰者的創造智慧，寄託著他們的期盼和追求。

8. 習細平撰《略論智儼法界緣起思想的核心及其思維特色》，作者認為智儼的全部理論都可以歸根於法界緣起論，而其法界緣起論的核心乃是性起說。

其性起說對印度佛教中的緣起思想既一脈相承，又有所創新。智儼的法界緣起論在思維特色上主要體現在圓融性思維、相對性思維和直覺思維三個方面。文中主要探討了兩個問題：一是性起與「一心」的關係，二是性起與緣起的關係。也許是由於篇幅所限，文章只有兩千餘字且對每一個問題的討論只有數百字不逾一千，所以文章略顯單薄了一些。

以上是華人界研究智儼的相關文章。此外魏道儒所著《中國華嚴宗通史》和李志華的博士論文《智儼思想研究──以初期華嚴宗哲學的創立過程為主軸》也是值得重點關注的。

魏道儒先生所著《中國華嚴宗通史》（1998）一書，這是一本具有通史性質的著作，書中理清了華嚴宗歷史和理論形成、發展、演變、衰微和終結的脈絡。作者密切關注制約和誘導華嚴哲學形成的諸多因素、根本動力，希望點明它所帶有的印度佛教胎記、所負載的中國文化精神以及所獨具的理論風貌。書中設有「智儼與華嚴宗學說體系的形成」一節，對智儼的生平和著作、法界緣起說的構成及來源、十會與十玄進行分析和論述。作者指出華嚴宗形成的主要標誌之一是智儼學說的創立。華嚴宗的概念體系的框架至此基本建成，以後的法藏、李通玄和澄觀等人，只是在這個基礎上稍事增添而已。從這個意義上講，智儼是華嚴宗的實際創教者。被奉為華嚴初祖的法順，則是華嚴宗的主要先驅之一。〔註7〕

李治華撰寫的博士論文《智儼思想研究──以初期華嚴宗哲學的創立過程為主軸》，作者研究智儼的思想，以初期華嚴宗哲學的創立過程為主軸，全文共分六章。第一章、緒論。在研究動機、目的、範圍上說明華嚴宗哲學高明圓融，從智儼對《華嚴經》的詮釋上，形成了華嚴宗教義的基本雛型。第二章、智儼的生平著作與思想淵源。第三章、智儼的唯心思想。第四章、智儼的法界緣起思想。第五章、智儼的判教思想。第六章、結論。以智儼為中心，總結初期華嚴宗哲學的創立過程，並述本文對華嚴哲學的評價。文章共380頁20餘萬字，可說是較詳實的研究了。在我博士開完題後才知道這篇於2009年六月剛完成的博士論文，遺憾的是在論文寫作的初期，只是從網上看到了該論文的章節目錄，具體內容則不得而知。後在日本留學的好友周振幫助下，2009年年末始見其真面目（由於某種原因暫缺《第五章智儼的判教思想》一章的內

〔註7〕 參考：魏道儒，《中國華嚴宗通史》，南京：江蘇古籍出版社，1998年（2001），
　　　　導言及第122頁。

容，從 206～235 頁），但此時本人的論文大部分已完成，借鑒的非常之少，不過看後確實有所收穫，獲益匪淺。

在一些學者的思想史專著或專集中，也有涉及到華嚴思想及智儼思想，筆者在此不一一列舉。佛教本身有其一套完整的屬於自己的語言系統，這些語言詞彙足以表達其思想義理，這些語言詞彙對於我們來說比較難懂，正如熊十力先生在他的著作《佛家名相通釋》中說到，「凡每一大學派之專著，其思想自成宏大深密之統系，其名詞恒如一獨立國之語言，初學讀之，不能不為其所困。」所以要想讀懂佛教原典，並且理解其中的思想，除了反覆讀之，還需要借助工具書及背景書籍。諸人研究各有特色，對筆者很有啟迪和助益，真誠的謝謝那些默默辛勤耕耘的前輩們。但由於前人輝煌的成就與本文研究主題直接相關的論述並不多，故本文最主要的工夫在於反覆研讀原典基礎上透過周邊資料的搜集、整理與歸納，使之成為有用的材料。

第 1 章　智儼與華嚴思想

1.1　華嚴經及華嚴宗的形成

1.1.1　華嚴經的形成與漢譯

　　《華嚴經》全稱《大方廣佛華嚴經》，另稱《雜華經》。陳譯《攝大乘論釋》卷十五說：「華嚴經有百千偈，故名百千經。」又《華嚴經傳記》卷一也稱，西域傳說此《華嚴大不思議解脫經》有三本：上中兩本隱而不傳，下本有十萬偈四十八品，現流天竺。此中所說現流天竺的下本有十萬偈，與《大智度論》卷一百所說「不可思議解脫經十萬偈」和晉譯《六十華嚴經》後記所說「華嚴經梵本凡十萬偈」相符，而證明此經亦名《不思議解脫經》，全本凡十萬偈，而《四十華嚴》乃其中的一部分。如《貞元釋教錄》卷十七說：「梵本大方廣佛華嚴經總有六夾，共十萬偈。」「大方廣」是讚美佛的超越性品格，超越時空無始無終無邊無際；「華嚴一詞表示一種比喻，讀法藏著的《探玄記》卷一可知，《涅槃經》、《觀佛三昧經》中把《華嚴經》稱為《雜華經》。華嚴的梵語 gandvyuha 中的 ganda 譯為雜華，vyuha 譯為嚴飾。雜華嚴飾，即以雜華意味莊嚴。雜華意味著所有的花，在該詞中包含了所有無名的花。」〔註 1〕「華嚴」是讚美佛所說法的美好猶如鮮花所裝飾的一般。《華嚴經》是大乘佛學的代表性經典，對大乘佛學在中國這片土地上的弘揚起到重要作用。學術界一般認為，《華嚴經》的編集，經歷了相當長的時間，而此編

〔註 1〕鎌田茂雄著，黃玉雄節譯，〈《華嚴經》的構成和思想〉，《五臺山研究》，1991
　　　　年第 1 期，第 5～6 頁。

集在印度。〔註2〕最早流傳於南印度，以後傳播到西北印度和中印度，大約在公元 2～4 世紀中葉之間。〔註3〕在此之前，可能有各品之單行經存在，尤其是在龍樹以前，已有《十地經》及《不可思議解脫經（入法界品）》等單行本存在。又《四十華嚴經》後記也說此梵本是「南天竺烏荼國王手自書寫大方廣佛華嚴經百千偈中所說善財童子親近承事佛剎極微塵數善知識行中五十五聖者善知識入不思議解脫境界普賢行願品。」世親著《十地經論》與金剛軍、堅慧的釋論，亦是解釋此經「十地品」，寂天的《大乘集菩薩學論》也引用此經「賢首品」的偈頌等情形來看，可以想見此經的「入法界品」、「十地品」乃至其他各品在印度古代已各成一經而分別流行。「現存的梵文華嚴經，有《十地經》及《雜華莊嚴（入法界品）》二經。」〔註4〕其中「入法界品」（即《四十華嚴》）和「十地品」，且為尼泊爾佛教中古來通常傳誦的九部大經之二，因而這兩品的梵本在尼泊爾一直保存。到十九世紀中，這兩品梵本隨著其他梵典又由尼泊爾更流傳到印度、英、法、日本等國，並有所校勘出版。現行梵文「十地品」有近藤晃曜校刊本（東京，1936 年），「入法界品」有鈴木大拙，泉芳璟校刊本（京都，1934～1936 年），《普賢菩薩行願讚》有渡邊海旭校刊本（1902）。至於其他各品的梵本似都已散佚。

從中國的譯經史上看，在東晉佛馱跋陀羅譯出六十卷《華嚴經》以前，已有一些獨立的小品翻譯過來，如公元二世紀中，後漢支婁迦讖翻譯《兜沙經》一卷，即《華嚴經・如來名號品》，此是《華嚴經》別行本漢譯的開始；此後有吳支謙翻譯《佛說菩薩本業經》一卷，即《華嚴經・淨行品》；西晉聶道真翻譯《諸菩薩求佛本業經》一卷，即《華嚴經・淨行品》；西晉聶道真翻譯《菩薩十道地經》一卷，即《華嚴經・十住品》；西晉竺法護翻譯《菩薩十住道行品》一卷，即《華嚴經・十住品》；西晉竺法護翻譯《漸備一切智德經》五卷，即《華嚴經・十地品》；西晉竺法護翻譯《等目菩薩所問三昧經》三卷，即《華嚴經・十定品》；西晉竺法護翻譯《佛說如來興顯經》四卷，即《華嚴經・如來出現品》；西晉竺法護翻譯《度世品經》六卷，即《華嚴經・離世間品》；吳

〔註 2〕也有認為《華嚴經》的編成，是以于闐為中心的中央亞細亞地方，參考：高峰了州著，釋慧岳譯，《華嚴思想史》，第 8 頁。

〔註 3〕魏道儒，《中國華嚴宗通史》，南京：江蘇古籍出版社，1998 年 7 月（2001 年 5 月重印），第 43 頁。

〔註 4〕李世傑著，《印度大乘佛教哲學史》，臺北：新文豐出版公司，中華民國七一年四月出版，第 56 頁。

譯出的《普賢菩薩答難二千經》即《華嚴經・離世間品》等。〔註5〕

　　直至東晉佛馱跋陀羅譯出六十卷本《華嚴經》，才有完整結構的《華嚴經》。梵本《華嚴經》原藏於遮拘槃國又作遮拘迦國、遮拘槃國、遮居槃國，即《洛陽伽藍記》所載之朱駒波國，魏書中之朱俱波國、朱居國，唐書中之朱俱槃國，《大唐西域記》所稱之斫句迦國、沮渠國。此國與于闐同為中古時代新疆地方有數之大乘國家。《華嚴經》被視為該國的傳國之寶，遮王敬信三寶，內宮珍藏諸大乘經，對華嚴等十二部大經特別重視，嚴禁外流。東晉廬山慧遠門下沙門支法嶺，志弘大乘，聞遮拘槃國藏諸聖典，乃不計利害，前往求取。於孝武帝太元十七年（392）與法淨等共遊西域求法，至于闐（今新疆和田一帶），得《華嚴經》梵本三萬六千及《四分律》梵本。於東晉義熙十四年（418）三月十日在揚州（今南京）道場寺請天竺三藏佛馱跋陀羅譯出，三藏手執梵本，譯為漢語，法業筆受，慧嚴、慧觀等潤文，吳郡內史孟顗、右衛將軍褚叔度為檀越，於元熙二年（420）六月十日譯竟，劉宋永初二年（421）復校完畢。初譯出時分五十卷，後東安寺慧嚴，道場寺慧觀及學士謝靈運等，潤文分成六十卷。〔註6〕內分三十四品，總由七處、八會的說法而成。嗣後唐永隆元年（680）三月，天竺三藏地婆訶羅和法藏校勘此經，見所譯《入法界品》內有缺文，因更就梵本譯出從摩耶夫人到彌勒菩薩文一段約八九紙補入，這就成為現行《華嚴經》六十卷本。這一華嚴大部經典梵本三萬六千偈，支法嶺從西域于闐取回來，一向無人翻譯，直到佛陀跋陀羅才完成這一大譯事，這部經文對後來佛教義學的發展關係甚大。「佛陀跋陀羅的傳譯就為稍後的大乘瑜伽學說東流開了先河。這在中國佛教義學的歷史上是有意義的。」〔註7〕佛馱跋陀羅（359～429），又作佛度跋陀羅、佛馱跋陀，意譯作覺賢，本姓釋氏。傳載覺賢生於北天竺那呵利城，其先世迦毗羅人，祖達摩提婆，遷北天竺，父達摩修耶利。覺賢幼即喪父，十七歲出家，修業精勤博學群經，特精禪、律。後與同參僧伽達多遊罽賓學佛教，其師佛大先，大禪師也。覺賢從之，專習禪法。故《達摩多羅禪經》有「今之所譯，出自達摩多羅與佛大先」之語。覺賢居罽賓時，西涼智嚴〔註8〕適至，亦隨佛大先於摩天陀羅精舍傳授禪法，其還

〔註5〕《大正藏》第 51 卷，第 155～158 頁。
〔註6〕《大正藏》第 50 卷，第 282 頁。
〔註7〕中國佛教協會編，《中國佛教》（二），北京：知識出版社，1982 年，第 64 頁。
〔註8〕智嚴（358～437？）到罽賓，從佛大先諮受禪法，後請佛陀跋陀羅一同東歸，
　　　　晚年更泛海重到天竺，歸途在罽賓逝世。

也。發願欲聘印度人，弘宜禪法於中土。眾乃推覺賢膺斯職，遂偕智嚴來華傳禪法。於後秦弘始十年（408）頃入長安，弘傳禪術之學。後以不習長安世俗，故與弟子慧觀等四十餘人離開長安，來到慧遠所居廬山處，滯留數年從事翻譯，主譯禪數諸經。《華嚴經》在此時翻譯出來，於劉宋元嘉六年示寂，世壽七十一。世稱天竺禪師，為廬山十八高賢之一。在《高僧傳》卷第二譯經中有其專門一章的記載。「蓋覺賢之居建康也，極被教徒推崇，於是道場寺遂成為譯經中心；其所譯者門類龐雜，未能一致；未可視為覺賢所傳教義也。但其翻譯之《華嚴經》，乃對於羅什所傳之空宗而設；實為中華佛教史上一大潮流之發源，故可稱為覺賢所傳教系。」〔註9〕在中國佛教史上，羅什所傳成一教系，係龍樹系教義；自空相之根本義，宏布中土以來，本固枝容，終能在中國佛教上發展龐大勢力。故自羅什系統所發展之重要教義，則有二大宗：即天台宗、禪宗是也。「對於羅什系而成一大教繫者，則佛陀跋陀羅是也；前者名為龍樹派；後即世親派也。覺賢（佛陀跋陀羅）所譯《華嚴經》，其影響及於中國佛教思想者實大。世之佛教學者中，研究世親菩薩之說者，輒及於玄奘所傳之阿賴耶緣起說；但世親之著述極多；繼承其說者，亦異論紛起；何人能得世親之正意？殊難斷定。所謂阿賴耶說，可信為類似世親之正統者，實玄奘勢力所致；緣以前舊譯所傳者，均被玄奘新譯所壓倒也。」〔註10〕此六十卷《華嚴經》，以壯闊的文瀾開演微妙的教理，弘偉瑰奇，不僅是後來的華嚴宗根本所依的經典，也是中國文學史上稀有的巨製。

　　唐譯八十卷《華嚴經》中有九會三十九品，在晉譯六十卷本中只有八會三十四品。這是由於舊譯本缺「十定品」一品，並以「十地品」以下十一品為第六會而減少一會。又新譯本「如來現相品」以下五品在舊譯中合為「盧舍那佛品」一品，因而一共相差一會五品。從新譯本譯出以後，八世紀以來漢地的華嚴學者大都依據新經講習疏釋。但在新譯本出現以前，就連唐・賢首（法藏）的講疏還都一般依據晉譯六十卷本。尤其是譯出年代已超過二百數十年之隔，而唐經卷數惟多，所譯出亦具備周到，在學術價值上亦高。由於本文所需，如無特別標記，均為晉譯六十卷《華嚴經》。文章以論述智儼思想為主，而智儼時代《華嚴經》即指晉譯六十卷本華嚴，無其他版本。在漢地，有晉譯六十卷

〔註9〕 蔣維喬撰，《中國佛教史》，上海：上海古籍出版社，2004年4月（2006年10月重印），第59頁。

〔註10〕 蔣維喬撰，《中國佛教史》，上海：上海古籍出版社，2004年4月（2006年10月重印），第133～134頁。

本《華嚴經》，唐八十卷《華嚴經》和唐四十卷《華嚴經》，共三大譯本。

唐譯八十卷本《華嚴經》的梵文原本有四萬五千頌，由唐武則天女皇遣使求訪，從于闐求得，于闐當地的三藏實叉難陀（652～710）受請，攜帶《八十卷本華嚴》來到中國唐都城洛陽，於證聖元年（695）三月十四日在洛陽大遍空寺開始翻譯，武則天親臨譯場，首題品名，菩提留志、義淨同宣梵本，復禮、法藏等並參與筆受潤文，到聖曆二年（699）十月十八日，歷時四年在佛授記寺譯畢。成八十卷，內分三十九品，總由七處（同舊譯）、九會（八會同舊譯，新增「普光法堂」一會）的說法而成。後法藏發現此經「入法界品」中尚有脫文，仍與地婆訶羅校勘梵文，於第八十卷初從彌勒菩薩後至三千大千世界微塵數善知識前中間，補入文殊伸手摩善財頂十五行，即為現今流行的《華嚴經》八十卷本。

唐譯四十卷本的《華嚴經》的梵文原本有一萬六千百偈。其梵本原藏南天竺烏荼國（東印度之古國名，其地相當於今之奧立沙）。烏荼國王欲來大唐朝禮，探知德宗皇帝崇奉佛教。烏荼國王於唐德宗貞元十一年（795）親筆書寫梵本《四十華嚴經》，上貢唐室，德宗皇帝視經為寶。翌年六月，即貞元十二年（796），在當時長安名剎崇福寺，詔命罽賓國人般若三藏譯梵為華，廣濟譯語，圓照筆受，智柔、智通回綴，道弘、鑒靈潤文，道章、大通證義，澄觀、靈邃等祥定，至十四年（798）二月譯畢，成四十卷。其內容係堪同舊新兩譯《華嚴經・入法界品》一品，但文字上大為增廣。尤其是第四十卷有普賢十大行願，和新添的普賢廣大願王清淨偈，是前此兩譯《華嚴經》中所未有。

此外，華嚴經中某一品或一部分傳譯於中國的也不少。公元二世紀中——後漢・支婁迦讖曾於洛陽譯出《兜沙經》一卷，當是此經別行本漢譯的開始，吳・支謙、西晉・竺法護、聶道真乃至南北朝、隋、唐各朝，都有《華嚴經》的支分別行本譯出，在法藏《華嚴經傳記》卷一中曾列舉有這類別行譯本三十五部。今略就現存各本並對照唐譯各品會列載如下：《佛說兜沙經》一卷（如來名號品、光明覺品），後漢・支婁迦讖譯。《佛說菩薩本業經》一卷（淨行品、十住品），吳・支謙譯。《諸菩薩求佛本業經》一卷（淨行品），西晉・聶道真譯。《菩薩十住行道品》一卷（十住品），西晉・竺法護譯。《菩薩十住經》一卷（同上），東晉・只多密譯。《漸備一切智德經》五卷（十地品），西晉・竺法護譯。《十住經》四卷（同上），後秦・鳩摩羅什譯。《佛說十地經》九卷（同上），唐・尸羅達摩譯。《等目菩薩所問三昧經》三卷（十定品），西晉・竺法

護譯。《顯無邊佛土功德經》一卷（壽量品），唐・玄奘譯。《佛說校量一切佛剎功德經》一卷（同上），宋・法賢譯。《佛說如來興顯經》四卷（如來出現品），西晉・竺法護譯。《度世品經》六卷（離世間品），西晉・竺法護譯。《佛說羅摩伽經》三卷（入法界品），西秦・聖堅譯。《文殊師利發願經》一卷（同上），東晉・佛陀跋陀羅譯。《大方廣佛華嚴經入法界品》一卷（同上），唐・地婆訶羅譯。《佛華嚴入如來德智不思議鏡界經》二卷（普光法堂會），隋・闍那崛多譯。《大方廣入如來智德不思議經》一卷（同上），唐・實叉難陀譯。《大方廣如來不思議境界經》一卷（別本華嚴），唐・實叉難陀譯。《大方廣佛華嚴經不思議佛境界分》一卷（同上），唐・提雲般若譯。《大方廣佛華嚴經修慈分》一卷（同上），唐・提雲般若譯。《大方廣普賢所說經》一卷（同上），唐・實叉難陀譯。至如《華嚴》三大譯本中的唐・般若譯四十卷《華嚴》，也同樣是全部經中「入法界品」的別行。

　　法藏將晉譯華嚴經文義判為五分：（1）教起因緣分（晉譯「世間淨眼品」），這就是全經的序分。（2）舉果勸樂生信分（晉譯「盧舍那佛品」），顯示舍那佛的果德和他過去的因行，勸令生信。（3）修因契果生解分（晉譯「如來名號品」至「寶王如來性起品」三十品），顯示十信、十住、十行、十迴向、十地的因行和所契的佛果，為令生解。（4）託法進修成行分（晉譯「離世間品」），顯示依諸菩薩行法，從事進修，成菩薩行。（5）依人入證成德分（晉譯「入法界品」），顯示由於善知識的教導，證入法界，成就果德。又分判此經的內容為五周因果：（1）所信因果（晉譯「盧舍那佛品」），（2）差別因果（晉譯「如來名號品」至「菩薩住處品」二十五品是差別因，「佛不思議法品」至「佛小相光明功德品」三品是差別果），（3）平等因果（晉譯「普賢菩薩行品」是平等因，「寶王如來性起品」是平等果），（4）成行因果（晉譯「離世間品」），（5）證入因果（晉譯「入法界品」）。清涼大師在《華嚴經疏》（卷四）中也沿用這五分說和五因果說來分攝新譯八十卷經三十九品的文義。而這樣的分判也就成為古今華嚴宗師解說此經的通論。古今疏家也同樣以序、正宗、流通三分科判此經。即一般都以初品為序分，「盧舍那佛品」（唐譯「如來現相品」）以下為正宗分。流通分在古時有多種異說：如北魏・慧光以「入法界品」為流通分；隋・慧遠以「入法界品」內的善財童子以下屬流通分；隋・靈裕以「入法界品」最後的偈頌為流通分；還有人說以末後二偈為流通分；還有人說此經還未譯竟，因而沒有流通分；還有人說以其他的眷屬經為此經的流通分；還有人

說此經說法無盡無休，所以沒有流通分。唐・清涼（澄觀）大師在他撰的《華嚴經疏》中認為慧遠所說最為合理，因而以「法界品」內的善財童子以下為流通分的三分說，也成為後來華嚴宗師解說此經的通論。參考諸位高僧大德的分判，圖示如下：

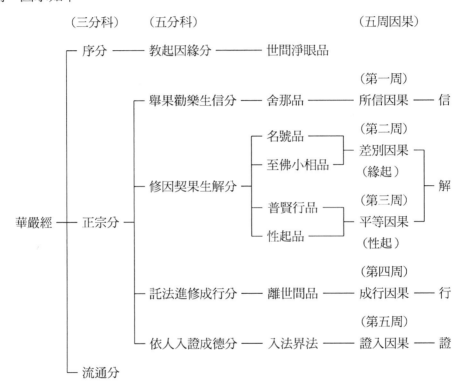

關於此經的宗趣，古來也有各樣不同的見解：如齊・曇衍說此經是以「無礙法界」為宗；隋・靈裕說此經是以「甚深法界心境」為宗；還有人說此經是以「緣起」為宗；隋・慧遠說此經是以「華嚴三昧」為宗；隋・達摩笈多說此經是以「觀行」為宗；還有人說此經是以「海印三昧」為宗；北魏・慧光說此經是以「因果理實」為宗；唐・智儼以「因果緣起理實」為宗，顯然是多少受慧光說的影響；唐・法藏在其師的基礎上又加以充實，即以「因果緣起理實法界」為此經的宗趣，這也成為後來華嚴宗師對於此經的共同見解。此經的義理，一直為古今佛教學人所一致尊重。

若依一些學者們研究分析，《華嚴經》是一部由個別單行的經典編輯而成，「原來作為獨立的經典流行。龍樹時代以後，這一經的序文才結合了十方佛土思想而另有發展，就說成祇洹佛會上十方大眾雲集，而得了『健拏驃訶』，

即『眾會莊嚴』的別稱，後來由於流通地點方言轉變，又稱為『健荼驃訶』即『華莖莊嚴』或『華嚴』（西藏文譯本保存的原名如此）。」〔註11〕雖說是由個別單行的經典編輯而成，卻編的非常嚴謹，其組織結構、先後次第並不重疊雜亂。如晉代覺賢譯出的六十卷本《華嚴經》（在我國第一次以《華嚴》貫名譯出的華嚴經，即舊譯六十卷本華嚴）。全經可分為四部分，即是信、解、行、證，一般經都具有這四部分，寂滅道場的兩品是起「信」；普光法堂的六品、忉利天宮六品、夜摩天宮的四品、兜率天宮的三品、他化天宮的十一品，都是生「解」；普光法堂重會的離世間品，是實「行」；最後重閣講堂的入法界品，是實「證」。整部的內容，是說佛自證的法界。

《華嚴經》的根本思想即是，縱橫於三世十方的一切時空，都是圓融無礙，相即相入、一即一切，一切即一的，因中即已有果，果上亦不離因的。《華嚴經》顯示「緣起無礙，重重無盡」的法界真相，如《華嚴經疏》云：「往復無際，動靜一源，含眾妙而有餘，超言思而迥出者，其唯法界歟。剖裂玄微，昭廓心境，窮理盡性，徹果該因，汪洋沖融，廣大悉備者，其唯大方廣佛華嚴經焉。」〔註12〕此是華嚴教義之精要，若一言以蔽之，即是「一真法界」，故此宗又稱為「法界宗」。此宗的六相圓融、十玄門、法界緣起、四法界等都是為了說明這個「一真法界」思想的。華嚴圓融論的真理，是從佛海印三昧所表現的境界，即：《華嚴經》是海印定中一時炳現的法門，晉譯《華嚴經·賢首品》中，有如下之文證：「或現男女種種形，天人龍神阿修羅，隨諸眾生若干身無量行業諸音聲，一切示現無有餘，海印三昧勢力故」〔註13〕。海印以喻表示釋迦大覺之內容，而釋迦大覺，是物我一如，天地與我同根的境界，是始覺究竟，唯一本覺的境界，這個大覺就叫作「一心」。在「一心」之中，所有時間性和空間性的無盡無量現象，均能印現，描寫此印現境界，既是華嚴經的內容。「華嚴經是描寫釋迦的一心，離開釋迦一心，即無一字。」〔註14〕華嚴經是根據「一心」所說的經典。一乘圓教，法界緣起等法門，皆由此一心而展開，海印三昧是以譬喻而表示這「一心」的。

〔註11〕 呂澂著，《中國佛學源流略講》，北京：中華書局出版，1979年（2006年重印），第365頁。

〔註12〕 《大正藏》第35卷，第503頁。

〔註13〕 《大正藏》第9卷，第434頁。

〔註14〕 李世傑著，《印度大乘佛教哲學史》，臺北：新文豐出版公司，中華民國七一年四月出版，第62頁。

　　由此可知：海印三昧的原理，是在於「一心」。華嚴的一心論是一即一切，一切即一的妙心，是法界緣起的一心，故其（一心）內容，極具客觀性，同時，是最圓融相即的吾人現實一心論，故能形成事事無礙的世界現象，而此事事無礙的世界現象，是心物一體的根本心的具體表現，於是，「心」與「世界或物」之隔界完全徹消，而形成了真空妙有的一真法界（一心世界）。「一心法界論是一心現象論，而一心現象論的最主要特質，是在於圓融、相即、相入而無礙無盡緣起一點。描寫這無礙的一心理論，乃是十玄六相的事事無礙論。事事無礙的微妙境界，是佛陀自內證的境界。」〔註15〕現象世界如此圓融無礙，是佛海印定中的妙境界，也就是是一心清淨的妙境界，而清淨的一心，是極無自性的真空妙有心，亦即是以「空」為基礎的「妙心」，故能圓融無礙。所以說：華嚴的世界是由「空」所表現的「妙有」境界，而此境界，亦即是佛自內證的宇宙觀。在華嚴的世界裏面，心物相即相入，顯現無盡的一切境界，就是說，萬象是「一心」的具體表現，故能相即相入而無礙。華嚴世界觀的根本原理，盡在此「一心」。「一心」的本質，在華嚴經乃叫做「海印三昧」。故華嚴的宇宙觀，是由此人微妙「一心」而現出之「事事無礙」的法界觀。事事無礙的法界，是由一心體性而緣起的世界，故說體性緣起或法界緣起。

　　從宗教立場看，整個華嚴經的內容，莫非是說著信解行證的次第，即：信是道元功德母，亦即是宗教的始終立場。但華嚴的「信」，是包含一切知解的，而且根本的智慧是會增加我們的信仰的，這是信仰與理智合一的印度思想的特質。有了信與解（智慧），我們的實踐（行），才不會被陷入盲目的狀態。佛教的智慧是「知行合一」的根本智，所以智慧與實踐也是一致的，而且華嚴的行，是「圓融相即行」，是普賢利他的大願行，於是智慧、慈悲、信仰皆被包含在相即無礙的吾人一舉一動，這才是事事無礙的大行。

1.1.2　華嚴宗的形成

　　「在隋唐佛學中，華嚴宗與禪宗最為晚出，對道學的影響也較大」，〔註16〕愈是晚出的宗派，就更多地將以前消化的佛學與中國傳統哲學思想糅合一起，更明顯地表現為一種居間的環節。佛教經歷了魏晉南北朝幾百年的傳播和發

〔註15〕李世傑著，《印度大乘佛教哲學史》，臺北：新文豐出版公司，中華民國七一年四月出版，第74～75頁。

〔註16〕侯外廬主編，《中國思想通史》第四卷上冊，北京：人民出版社，1995年10月第5次印刷，第231頁。

展，積累了大量豐富的資料，尤其是佛教經學到隋唐已有很大規模，佛教理論充實了中國哲學的內容，已經成為中國哲學重要的組成部分。隋唐時代是中國佛教的大成時期，隋代雖然只有統治三十七年，即從隋文帝開皇元年（581）到恭帝義寧二年（618），但在政治上統一了南北朝，文化也出現了綜合的新形式，佛教亦綜合南北體系，而產生新的教學、新的宗派，形成了劃時代的特色。據《隋書‧經籍志》載，隋文帝開皇元年（581）一開始就改變了周武帝毀滅佛法的政策，下令修復毀廢寺院，允許人們出家令每戶出錢營造經像……，致使民間的佛經多於儒家六經的數十百倍。唐代佛教，是指從唐高祖武德元年（618）到哀帝天祐四年（907）二百八十九年間的佛教，唐代很重視對於佛教的保護和整頓，尤其是譯經事業，唐代的譯經大都由國家主持，其成績是相當可觀的，迎來了佛經翻譯的又一高峰期，無論是在譯籍的數量和質量方面，超過前人。「從貞觀三年（629）開始，組織譯場，歷朝相沿，直到憲宗元和六年（811）才終止。前後譯師二十六人，即波羅頗迦羅蜜多羅（翻譯年代 629～633，以下各人皆附注翻譯年代）、玄奘（645～633）、智通（647～653）、伽梵達摩（約 650～655）、阿地瞿多（652～654）、那提（655～663）、地婆訶羅（676～688）、佛陀波利（676）、杜行顗（679）、提雲般若（689～691）、彌陀山（690～704）、慧智（693）、寶思惟（693～706）、菩提流志（693～713）、實叉難陀（695～704）、李無諂（700）、義淨（700～711）、智嚴（707～721）、善無畏（716～735）、金剛智（720～741）、達摩戰濕羅（730～743）、阿質達？霰（732）、不空（743～774）、般若（781～811）、勿提提犀魚（約 785～？）尸羅達摩（約 785～？）」。〔註17〕這其中的譯師亦有中國僧徒、居士，各譯師翻譯的經典可說是把當時印度大乘佛教的精華，基本上都已經介紹過來了。「在李唐一代譯出的佛典，總數達到三百七十二部、二千一百五十九卷。」〔註18〕貞觀十五年（641）文成公主入藏，帶去佛經、佛像等，使漢地佛教深入藏地。貞觀十九年（645），玄奘從印度求法回來，朝廷為他組織了大規模的譯場，他以深厚的學養，精妙的翻譯，給當時佛教界以極大的影響，在已有的天台、三論兩宗以外，更有慈恩宗律宗等宗派的相繼成立。稍後，武后（684～704）在全國範圍內建寺，造佛像。華嚴宗集大成者三祖法藏在這一時期得到武后的支持，使得華嚴宗確立顯發出來，其後玄宗（712～756）由善無

〔註17〕中國佛教協會編，《中國佛教（一）》，北京：知識出版社，1980年，第63頁。
〔註18〕中國佛教協會編，《中國佛教（一）》，北京：知識出版社，1980年，第64頁。

畏、金剛智等傳入密教，得到帝王的信任，促使密宗的形成。當時佛教發展達於極盛，寺院數比較唐初幾乎增加一半。隋唐時期，由於國家的統一，經濟、政治、文化的高度發達，佛教哲學理論取得了空前繁榮的景象。「佛教哲學與民族傳統文化結合的更緊密。是理論的需要，也是社會的需要，它更加中國化，更具有中華民族的特色。」〔註 19〕隋唐時期的佛教在發展的過程中陸續成立了一些宗派，一方面佛教傳播越來越廣泛，要適應不同階層信徒的要求，就出現各自所尊奉不同的教理和修持體系。一方面也是因為寺院的經濟基礎，日益鞏固和完善，佛教徒用宗派形式加強組織。由於寺院經濟的不斷壯大，與以往流動不定的各種師說學派不同，主張某一佛教學說的大師能在一個地方固定下來，有了創立宗派的實力。早在魏晉時期由於譯經數量增多及當時社會流行的玄學影響等原因，形成了不同觀點和學派，如東晉時期的「六家七宗」，此是般若學的總稱，「七宗」即「七家」。到南北朝時期，專攻不同的經論之風大盛，基於對不同經論的講解而出現了許多不同的經師、論師，如涅槃師、成實師、毘曇師等。進入隋唐時期，在其社會政治、經濟、思想等特定歷史背景下，由先前的不同學派進而建立宗派，擁有了各自獨特的教義、不同的教規及傳法世系的不同。「隋唐各派佛教雖然自立門戶，但是又都在分別地吸收其他教派的教義，從事統一安排，即通過所謂『判教』來建立各自的複雜龐大的思想體系。」〔註 20〕隋唐佛教宗派的形成，也是自漢以來佛教理論在中國這片土地上長期發展並且與固有的傳統思想不斷融合的結果。

　　儘管從後漢以來，《華嚴經》的別行本在中國陸續譯出不少，但它的弘傳還不見興盛。到了東晉佛馱跋陀羅所翻譯的六十卷本華嚴的譯出，在漢地開始了關於華嚴的研究，對它的傳誦、講習，乃至疏釋漸行漸烈。當時參與晉譯譯事的慧觀，判教以華嚴為頓教。後求那跋多羅來廣州，北止建業，又隨譙王義宣至荊州，在辛寺講《華嚴經》。「初華嚴大部，聞旨浩博，終古以來，未有宣釋。暢乃竭思研尋，提章比句，傳講迄今，暢其始也。」暢，即玄暢，是北方禪家玄高之弟子。劉虯判教為頓、漸二教，亦以華嚴為頓教。北魏曇無最師弟就曾講說過幾十遍，並還著有文疏。後來劉謙之（公元 477 年頃）靈辨師弟（公元 520 年頃）等，都有大部注解（劉注傳說有六百卷之多，靈注也有一百

〔註 19〕任繼愈，《漢唐佛教思想論集》，北京：人民出版社，1998 年 5 月第三版，第 60 頁。

〔註 20〕石峻、方立天，〈論隋唐佛教宗派的形成〉，《哲學研究》，1981 年第 8 期，第 69 頁。

卷）。同時公元五零八年頃，菩提流支等將《華嚴經》中心部分《十地品》的世親釋論（即《十地經論》）傳譯過來，理論上更有了切實依據，創宗（地論宗）分派（南北派），一時支配著北方的佛學思想。但後來發展的華嚴宗並非單純地從這上面汲取源泉。

自晉至齊，達於梁朝，《華嚴經》之研究，仍不普廣，故周顒有「十住淵弘，世學將殄」之語。參與晉譯華嚴經譯場的法業〔註21〕，曾親承佛馱跋陀羅的口義而撰承《義記》兩卷，晉譯《華嚴》譯出不久，法業講之並撰《華嚴旨歸》兩卷，是中國講《華嚴經》之第一人。隨後劉宋求那跋陀羅曾講解過此經多次，北齊玄暢更對此經隨章逐句暢加疏講，北魏勒那摩提也曾弘講此經，劉謙之精研此經，制《華嚴論》六百卷。這時，菩提留支又譯出了《十地經論》。由於《地論》的弘通，此經更得到相應的發揚，地論師慧光又撰制了此經的《廣疏》（現存一卷），並以此經判為圓教而廣為弘敷。又齊大覺寺僧范著有《經疏》五卷，鄴中曇遵著有《經疏》七卷，洛州曇衍著有《經疏》七卷。嗣後隋相州演空寺靈裕著有《經疏》八卷（現存《文義記》第六卷），《旨歸》一卷；西寺曇遷著有《華嚴明難品疏》十卷；西京慧藏著有《義疏》十卷；西京洪遵著有《經疏》七卷；淨影寺慧遠著有《經疏》七卷，《十地論義記》七卷（現存四卷）；嘉祥寺吉藏著有《遊意》一卷（現存）；武德寺慧覺著有《十地品疏》十卷；唐越州法敏著有《經疏》七卷；終南山智正著有《經疏》二十二卷；慈恩寺靈辨著有《經疏》十二卷。而南北各地風行講誦，更促進了華嚴學的廣泛開展，南北之華嚴研究大盛，遂有以專弘這一經為主的華嚴宗的形成。

首先是隋杜順（法順）（557～640）在終南山弘通此經，並著有《華嚴五教止觀》一卷（現存）和《華嚴法界觀門》一卷（現存），以彰顯此經的玄旨並開一宗，他的弟子至相寺智儼更發展了他的心要，並參照地論師的學說，著有《搜玄記》、《華嚴一乘十玄門》、《華嚴五十要問答》《孔目章》等一系列

〔註21〕釋法業，未詳其氏族，幼而有超方之韻。脫屣塵表，少年出家，風格秀整。學無常師，博洽罩思，時輩所推也。雖遍閱群部，每以為，照極探微，快然未足。後遇天竺沙門佛度跋陀羅，乃請譯華嚴，親從筆受，籌諮義理。無替晨夕，經數歲，廓焉有所悟。因顧其友人曰：聖教司南，於是乎在？既躬受梵文。又陶冶精至，推宗扣問，日有其倫。遂敷弘幽旨。辟為宗匠，沙門曇斌等數百人，伏膺北面。欽承雅訓，大教濫觴業之始也。以希聲初啟，未遑曲盡，但標舉大致而已。撰旨歸兩卷，見行於世。後不知所終，先賢略其清范，悲矣！參考：《大正藏》第51卷，第158頁。

華嚴著作。儘管對初祖杜順存在一些爭議，但他與華嚴宗確有很深的淵源關係，「杜順以《華嚴》修禪觀，所以注重讀誦，杜順度智儼出了家，叫他的上足弟子達法師教導智儼『曉夜誦持』的可能也是《華嚴經》。」〔註22〕杜順令弟子樊玄智「讀誦華嚴為業，勸依此經修普賢行。」〔註23〕《佛祖歷代通載序》中說杜順「尤邃華嚴宗旨，帝素敬重之。嘗引入宮禁，導迎善氣妃主。戚里諸貴奉之有如生佛，集華嚴法界觀門，弟子智儼尊者傳其教」。又續法著的《初祖杜順和尚傳》中說：「尚稟性柔和，操行高潔。學無常師，以華嚴為業，住靜終南山。」由此可知，杜順法師雖修持定業，然其一生所修學，實是以華嚴為宗旨。一些學者認為智正為初祖，也有認為智儼為初祖，認為杜順只是依《華嚴》以行業，偏重禪法，只是禪師。智正（559～639）與杜順同時代人，而長於理論，講授此經，並作書。二祖智儼（602～668）十二歲從杜順出家，據史料記載，杜順把智儼帶回至相寺，就交付給上足達法師，令其教誨，曉夜誦持，曾無再問。智儼從杜順出家以後，在常法師處聽《攝大乘論》，在辯法師處聽《四分》、《迦延》、《毗曇》、《成實》、《十地》、《地持》、《涅槃》等經論，在琳法師處廣學徵心，索隱探微。他從智正聽了《華嚴經》，「雖閱舊聞，常懷新致，炎涼亟改，未革所疑，遂遍覽藏經，討尋眾釋。傳光統律師（即慧光）文疏，稍開殊軫，謂別教一乘無盡緣起，欣然賞會，粗知眉目」，可知啟發智儼的，確實是慧光一系的學說。杜順以《華嚴》修禪觀，所以注重讀誦，杜順度智儼出了家，叫他的上足弟子達法師教導智儼「曉夜誦持」的可能也是《華嚴經》。〔註24〕慧光是南北朝時代的義學高僧，又是四分律宗的開祖，學者又稱他為光統律師。慧光是地論師南道派的開創者，慧光的弟子很多，「其中以法上為上首，道憑四傳到智儼，開闢華嚴立宗的端緒，所以華嚴宗也可視為南道地論師系統的發展。」〔註25〕杜順和智正兩人對智儼都有一定的影響，智儼雖曾從智正習《華嚴經》，然智正別無著作。而杜順著有《五教止觀》、《法界觀門》書內容雖簡，但於以後華嚴宗義理的形成及對後來祖師的思想確有重要的影響。智儼二十七歲時就著成了《華嚴經

〔註22〕巨贊著，《巨贊集》，黃夏年主編，《近現代著名學者佛學文集》，北京：中國社會科學出版社，1995 年 12 月，第 252 頁。
〔註23〕《大正藏》第 51 卷，第 166 頁。
〔註24〕巨贊著，《巨贊集》，黃夏年主編，《近現代著名學者佛學文集》，北京：中國社會科學出版社，1995 年 12 月，第 252 頁。
〔註25〕中國佛教協會編，《中國佛教》（二），北京：知識出版社，1982 年，第 74 頁。

搜玄記》，全稱《大方廣佛華嚴經搜玄分齊通智方軌》，又單稱《華嚴經略疏》，為華嚴宗師疏述舊譯本經的最早的著作，還依經義著有《華嚴經孔目章》、《華嚴五十要問答》、《華嚴一乘十玄門》（承杜順和尚說）等，以顯示一經要義，奠定華嚴經成立的基礎。三祖法藏（643～712），其祖先是康居國人，他本人生於長安，十七歲時入山閱「方等」經典，繼而從智儼聽受《華嚴》，深通玄旨。曾在宮中為武則天講「六相」、「十玄」的義旨。著有《華嚴經探玄記》二十卷、《華嚴一乘教義分齊章》四卷、《修華嚴奧旨妄盡還源觀》一卷、《華嚴遊心法界記》一卷、《華嚴經旨歸》一卷、《華嚴經文義綱目》一卷、《華嚴三昧觀》一卷、《華嚴經傳記》五卷、《華嚴經問答》等。四祖澄觀（738～839），俗姓夏侯，越州山陰人，十一歲出家。早年到處參學，嘗從法銑研習《華嚴》，深通玄旨。後在五臺山開講新義八十卷《華嚴》，並作《疏》六十卷，又作《隨疏演義鈔》九十卷。貞元十二年（796）應詔入長安，參加罽賓般若三藏的譯場，譯出《四十華嚴經》。並作《疏》十卷，稱為《貞元新譯華嚴經疏》。此外，還著有《華嚴經綱要》三卷、《華嚴法界玄鏡》兩卷、《普賢行願品別行疏》一卷、《大華嚴經略策》一卷、《三聖圓融觀》一卷等。澄觀以恢復華嚴的正統為己任，主要是弘揚法藏的教義。曾被賜號為「清涼法師」。五祖宗密（780～841），俗姓何，果州西充人，二十八歲時從菏澤宗道圓出家。出家後常住陝西終南山草堂寺南圭峰，世稱「圭峰大師」。後來在襄陽得到澄觀的《大疏》及《隨疏演義鈔》，從事研習，深得旨趣。即為大眾開講，旋往從澄觀請益，隨侍數年。後來入終南山草堂寺南圭峰蘭若，以誦經、修禪為業。著有《華嚴綸貫》五卷、《普賢行願品別行疏鈔》六卷、《注華嚴法界觀門》及《華嚴原人論》各一卷。其學說是融合《華嚴》和禪宗的禪教一致論。提倡禪教一致的「華嚴禪」，其著作《禪源諸詮集都序》就是專門論述這一思想的。從初祖杜順、二祖智儼、三祖法藏、四祖澄觀，到五祖宗密，此為華嚴法脈大盛的黃金時期。

宗外的名家，有長者李通玄，精研此經，著有《新華嚴經論》四十卷（現存），發揮了《八十華嚴》的新義。他又著有《華嚴經中卷大意略敘》一卷（現存），《華嚴經修行次第決疑論》四卷（現存）等。又天台宗荊溪湛然，也著有《華嚴經願行觀行骨目》二卷（現存）。又靜居撰有《麟德殿講華嚴經玄義》一卷等。

唐代以後，此經的弘揚講習仍相當殷盛，各朝的重要注疏有：宋觀復的

《華嚴疏鈔會解記》十卷，復庵的《華嚴綸貫》一卷（現存），戒環的《華嚴經要解》一卷（現存），通道的《華嚴經吞海集》三卷（現存），《華嚴法相概節》一卷，遼鮮演的《華嚴經玄談抉擇》六卷（現存），元普瑞的《華嚴懸談會玄記》四十卷（現存），明德清的《華嚴經綱要》八十卷（現存），善堅的《華嚴經大意》一卷（現存），方澤的《華嚴經合論纂要》三卷（現存），李贄的《華嚴經合論簡要》四卷（現存），清永光的《華嚴經綱目貫攝》（現存），《華嚴三十九品大意》一卷（現存）等。

　　清朝末年，有楊仁山將智儼的《搜玄記》、法藏的《探玄記》從日本搜尋版本並於金陵刻經處刊印流通。同時月霞法師也以弘揚華嚴宗著稱。近代弘一大師極重視華嚴，1929 年，法師 50 歲，在福州鼓山寺中發現清初道霈撰《華嚴經疏論纂要》一書，歎為近世稀有，即倡議印刷數十部，分贈國內及日本各大叢林。亦幻曾在《弘一大師在白湖》一文中說其「學佛的體系，是以『華嚴』為境，『四分戒律』為行，導歸『淨土』為果的。」

1.2　智儼的生平及其著作

1.2.1　智儼的生平

　　有關智儼的生平史料非常之少，只有在三祖法藏著《華嚴經傳記》及清續法著《法界宗五祖略記》中有智儼的傳記記載，保存下來了千餘字資料。二者記載多有重複，後者應是參考借鑒前者的記載。相對來說前者三祖法藏的記載更準確可靠些，智儼與法藏二人有著密切的師徒關係，三祖法藏對其師有相對確切客觀的瞭解。所以本文以法藏的記載為準，參考了其他一些史料。其他有關的記載都是出現在別人的傳記等史料中，寥寥數語一筆帶過，如在《續高僧傳・杜順和尚》傳記中末後有兩句介紹智儼，「弟子智儼，名貫至相。幼年奉敬雅遵餘度。而神用清越振續京皋。華嚴攝論。尋常講說。至龕所化導鄉川。故斯塵不終矣。」在《宋高僧傳》、《佛祖歷代通載序》及《佛祖統記》中亦提及智儼，都是出現在別人的傳記中，語皆寥寥。

1.2.1.1　童子——生智宿植、弘法之匠

　　智儼法師，姓趙氏，天水（今甘肅天水）人，生於隋文帝仁壽二年（602），圓寂於唐高祖總章元年（668）。高祖趙弘，高尚其志。父親趙景，任申州（今

河南信陽市）錄事參軍。〔註26〕智儼在兒童時期就「卓異凡童，或累塊為塔，或緝華成蓋，或率同輩為聽眾，而自做法師。」〔註27〕（以下引文如無特別說明皆引自法藏著《華嚴經傳記・智儼傳記》）十二歲時即隋煬帝大業九年（613），「神僧杜順，無何，而輒入其舍。撫儼頂謂景曰：此我兒，可還我來？父母知其有道，欣然不吝。」由此推測，其父母對佛教有一定認識，否則怎會當杜順欲領走其子時表現出「欣然不吝」的態度。遂跟隨杜順來到終南山至相寺，〔註28〕把智儼交給其門人達法師，「令其順誨，曉夜誦持。曾無再問。」「杜順以《華嚴》修禪觀，所以注重讀誦，杜順度智儼出了家，叫他的上足弟子達法師教導智儼『曉夜誦持』的可能也是《華嚴經》。」〔註29〕杜順一弟子名「樊玄智，涇州人也。童小異俗，願言修道。年十六捨家於京師城南，投神僧杜順禪師，習諸勝行。順即令讀誦華嚴為業，勸依此經修普賢行。」〔註30〕《宋高僧傳》中說「昔者燉煌杜順傳華嚴法界觀，與弟子智儼講授此晉譯之本，智儼付藏」。《佛祖歷代通載序》中說杜順「尤邃華嚴宗旨，帝素敬重之，嘗引入宮禁，導迎善氣妃主。戚里諸貴奉之有如生佛，集華嚴法界觀門，弟子智儼尊者傳其教」。又續法著的《初祖杜順和尚傳》中說：「尚稟性柔和，操行高潔，學無常師，以華嚴為業，住靜終南山。」由此可知，杜順法師雖修持定業，然其一生所修學，實是以華嚴為宗旨。

〔註26〕 官名。晉置，亦稱錄事參軍事。為王、公、大將軍的屬員，掌總錄眾曹文簿，舉彈善惡。以後刺史如掌軍開府，亦置此官。北魏至唐，各州亦均置。隋、唐各州、各衛府、東宮各率府，唐各都督府、都護府、羽林、龍武、神武各軍府及王國，都有錄事參軍。京府的錄事參軍則改稱司錄參軍。宋亦在京府為置司錄參軍，各州置錄事參軍。元廢。

〔註27〕 《大正藏》第 51 卷，第 163 頁。

〔註28〕 終南山位於陝西長安縣西向二十九公里處。東起藍田，西至郿縣，綿亙八百餘里，為秦嶺山脈部分，又稱中南山、太乙山、地肺山，略稱「南山」，山名最早見於《詩經》，地近西安。溯自周武滅法時，長安僧侶多避難山中。自周末至唐初，終南山高僧輩出，尤以至相寺為培養《華嚴》學者的聖地。至相寺為隋初青彡淵創建。青彡淵（公元五四四至六一一年），一生弘揚《華嚴》。常問學於靈裕。法難之際，因普安法師的力請，入終南山共創寺宇，名至相寺。嗣後有智正仰慕青彡淵之風，來住此寺二十八年。其後有智儼住於本寺，從法琳、智正學華嚴，至相之名遂因智儼而著名。
華嚴宗初祖杜順，曾隱居終南，世稱「終南法順」。至相寺可稱為是華嚴宗的根本道場。

〔註29〕 巨贊著，《巨贊集》，黃夏年主編，《近現代著名學者佛學文集》，北京：中國社會科學出版社，1995 年 12 月，第 252 頁。

〔註30〕 《大正藏》第 51 卷，第 166 頁。

　　傳中說智儼「曾無再問」與「幼年奉敬」似乎矛盾，其實不然，「曾無再問」並不是指不再過問智儼的學習狀況，「曾」除了具有「竟，尚，還」等意義還有一層意思，即表示有過某些行為或情況。就是說杜順把智儼交給達法師有過一段時間不過問，只是讓達法師督促教誨令其曉夜誦持。因為智儼十二歲剛從在家人到出家人過渡，必須經過一段時間學習出家人所要學習誦持的經典，為以後的學習打下一個良好的基礎。所以「幼年奉敬」是有過的，與「曾無再問」並不矛盾。後二梵僧來遊至相。「見儼精爽非常，遂授以梵文，不日便熟。」可見智儼在二梵僧的教導下，很快就學會了梵文，得到梵僧的稱讚，「此童子當為弘法之匠也。」此時智儼不過十二三歲，可見智儼確實氣宇非凡，杜順法師亦慧眼識人。隋煬帝大業 11 年（615），十四歲時，即欲緇衣，正式出家為沙彌。「於時隋運將終。人民饑餒。儼雖童稚杭志彌堅。」此時隋運將終，人民饑餒，智儼更堅定學佛的志向。

1.2.1.2 青年──天縱哲人、立教分宗

　　根據法藏對其師智儼的這一時期記載可以看出，這期間智儼可謂求學多方，並且學有所成，取得了一定的聲譽。智儼十四歲時，即隋煬帝大業 11 年（615），正式出家為沙彌，直至二十七歲，約貞觀二年（628）著成《搜玄記》，十三年間參訪多師如下：

　　（1）常法師，智儼隨其學習《攝大乘論》；「後依常法師聽攝大乘論，未盈數歲，詞解精微。常因龍象盛集，令其豎義。時有辨法師，玄門準的，欲觀其神器，躬自擊揚，往復徵研，辭理彌王。咸歎其慧悟，天縱哲人。」

　　（2）琳法師，文中說到「於琳法師所，廣學徵心，索隱探微。」只說隨其學習，未說明從其學何種經論。

　　（3）智正法師〔註31〕，隨其聽受學習《華嚴經》；「雖曰舊聞。常懷新致。」

　　（4）光統律師，雖不是親自教導智儼，但從其所撰《華嚴經疏》中得解華嚴「別教一乘無盡緣起」之義理；「欣然賞會。粗知毛目。」

　　（5）異僧，教導智儼如果欲解華嚴一乘義者，需知《十地經論》中「六相」之義；「因則陶研，不盈累朔，於焉大啟。遂立教分宗，制此經疏，時年二十七。」

〔註31〕智正居終南太白山至相寺二十八年，通華嚴經，有請便講，折剖詳明。無請便止，安心禪定，著有華嚴疏，現已不存，其弟子有智現、智儼，貞觀十三年（六三九）二月寂，壽八十一。

總之，智儼在青年時期廣學多方，參訪諸高師，但智儼並不是學無所宗，且看智儼的這段經歷：

> 進具之後，聽《四分》《迦延》《毘曇》《成實》《十地》《地持》《涅槃》等經。後於琳法師所，廣學徵心，索隱探微，時稱得意。儼以法門繁曠，智海沖深，方駕司南，未知何厝。乃至於經藏前，禮而自立誓，信手取之，得華嚴第一。即於當寺智正法師下，聽受此經。雖閱舊聞，常懷新致，炎涼亟改，未革所疑。遂遍覽藏經，討尋眾釋。傳光統律師文疏，稍開殊軫，謂別教一乘無盡緣起，欣然賞會，粗知毛目。後遇異僧來，謂曰：汝欲得解一乘義者，其十地中六相之義，慎勿輕也！可一兩月間，攝靜思之當自知耳，言訖忽然不現，儼驚惕良久。因則陶研，不盈累朔，於焉大啟。遂立教分宗，制此經疏，時年二十七。

智儼受具足戒後，聽《攝大乘論》，在辯法師處聽《四分》、《迦延》、《毘曇》、《成實》、《十地》、《地持》、《涅槃》等經論，在琳法師處廣學徵心，索隱探微，時稱得意。但是智儼以為佛法門類太多，智慧又都很深奧，想專攻一部，又不知選哪一部，於是於經藏前，作禮而立誓，信手取之，得《華嚴》一部。適時智正法師正好在當寺講《華嚴經》，於是聽其講《華嚴經》，雖說過去也曾聽過，但還是感覺有一些新奇的地方，聽了一段時間後，還是未能解除疑問，遂遍覽藏經，尋眾家之注釋。後得光統律師的《華嚴經》文疏，稍開殊軫，謂「別教一乘無盡緣起」，欣然賞會，粗知眉目。後又遇異僧受其開示，而重視「六相」義，專研幾個月後就領悟其中的義理。遂立教開出華嚴一宗，作《華嚴經略疏》，時年二十七，可見智儼一直是以華嚴為宗。

智儼初隨杜順法師受教，中間聽智正法師的講說，末後探討慧光律師的文疏。智儼確是繼承杜順法師的法派，《續高僧傳》中已有標示，《續高僧傳》的作者道宣法師是和杜順法師、智儼法師先後同時之人，其記載是相對可靠的。在《續高僧傳‧法順傳》中說：「弟子智儼，名貫至相。幼年奉敬，雅遵餘度。而神用清越，振績京皋。華嚴、攝論，尋常講說。至龕所化導鄉川，故斯塵不絕矣。」〔註32〕道宣法師雖沒有明確切指出杜順法師如何教導智儼，但也間接地說明了智儼法師承繼了杜順法師的華嚴思想。使得杜順法師華嚴思想得以「不絕」。從前面提及的《宋高僧傳》、《佛祖歷代通載序》史料中也可

〔註32〕《大正藏》第 50 卷，第 654 頁。

以看出杜順將其華嚴法界觀門思想傳於智儼，此說亦是二人師徒相承的一個
證明，智儼法師撰《華嚴一乘十玄門》中說「承杜順和尚說」，這亦是兩人華
嚴思想相承的一個佐證。

在智儼法師的華嚴思想中，慧光法師一系地論思想，對智儼的影響極大。
慧光是南北朝時代的義學高僧，又是四分律宗的開祖，學者又稱他為光統律
師。慧光是地論師南道派的開創者，慧光、道寵南北兩道分為兩派。後來北道
派受了攝論學派的影響而有變化，南道派保持了純粹的傳統，並且名德輩出，
獨盛一時。慧光的弟子很多，傳承他的地論學說的有，法上、僧范、道憑、慧
順、靈詢、僧達、道慎、安廩、曇衍、曇遵、曇隱等，「其中以法上為上首，
道憑四傳到智儼，開闢華嚴立宗的端緒，所以華嚴宗也可視為南道地論師系
統的發展。」〔註33〕智儼曾聽智正法師講華嚴經，智正初住勝光寺，後住終南
至相寺，從青彡淵，青彡淵之師為靈裕，靈裕之師為道憑，道憑之師為慧光，
智正是地論第四傳人。智儼雖從智正聽了《華嚴經》，但是「炎涼亟改，未革
所疑」，遂遍覽藏經，尋找更多的解釋，後讀到慧光著《華嚴經》的注疏，領
受「華嚴別教一乘無盡緣起」的義旨而有所悟，欣然賞會，粗知眉目。可知啟
發智儼的，確實是慧光一系的學說。總之，智儼法師的華嚴思想體系形成，是
其在一天天的參學過程中形成的，與這一時期參訪諸師，廣學多聞（如上所
說常法師、琳法師、智正法師及研究慧光《華嚴經疏》等）這一過程是分不
開的。

1.2.1.3　中年——棲遑草澤、潛心著述

雖然三祖法藏法師對其師這段時期的記載只有寥寥數語，但是這一時期
其實是較長的，潛沉草澤近三十年，度過了大半生。法藏法師只有八個字形容
就直接過渡到「暮齒」時期，短短數字不足以描繪其三十年的生涯，但是可以
看出這也是對二祖智儼法師人格及學問性格的寫照。作為一個以華嚴為業，歸
宗於華嚴的學僧，又處於華嚴宗哲學義理初期的構建中，二祖智儼有責任要
對華嚴宗哲學義理進行深入的探討和剖析，確立《華嚴經》及華嚴宗的殊勝地
位，並且開創出一系列有華嚴思想特色的義理。二祖智儼選擇將畢生的精力都
投入華嚴的研習與弘傳事業中，雖說此時期二祖智儼忙碌奔走於民眾中間，
「『棲遑草澤（終南山），不競當代（長安），及乎暮齒，方屈（王府、長安）

〔註33〕中國佛教協會編，《中國佛教》（二），北京：知識出版社，1982 年，第 74 頁。

弘宣』應是相對來說的，並非指智儼這段期間都無教學著述，畢竟智儼博通經論，著作二十餘部。」〔註34〕所以說這段時期，應是智儼潛心專研著述時期，消化吸收青年時期所學，專心為華嚴思想著述。智儼是華嚴思想義理的開創者，對華嚴思想義理首創性闡釋，經過後面幾位祖師的繼承與發揚，日臻完善，成為華嚴的重要思想義理。其實，就整個華嚴思想內容而言，在那些不可或缺的相對重要的華嚴思想義理中，處處可見到智儼法師思想的影子，這和二祖智儼法師這一時期潛心著述是分不開的。

1.2.1.4 晚年——方屈弘宣、宗風大振

智儼法師晚年「方屈弘宣」，據《法界宗五祖略記・二祖智儼和尚》記：顯慶四年，即659年智儼法師58歲時，在雲華寺中講華嚴。「宗風大振，名遍寰內。緇素道俗，咸皆歸禮。」還成為皇儲沛王賢〔註35〕的講主。「皇儲往封沛王，親為講主。頻命府司，優事供給。」在《續高僧傳・法順傳》中記智儼「神用清越，振續京皋。華嚴、攝論，尋常講說。」估計記載就是智儼法師晚年這一時期。這期間智儼法師「名遍寰內」「振續京皋」，有許多有識之士來求學。法藏法師十七歲時辭親求法於太白山後從智儼聽受《華嚴》，深通玄旨。二人相見恨晚，緣分頗深，法藏當時「聞雲華寺儼法師講華嚴經投為上足，泄水置瓶之受納，以乳投水之因緣。」〔註36〕據《法界宗五祖略記・二祖智儼和尚》記：「藏既餐和尚之妙解，以為真吾師也！師亦喜傳炷之得人矣。」智儼法師很欣賞法藏法師贊其曰：「比丘義龍輩尚罕扣斯端。何計仁賢發皇耳目。」〔註37〕龍朔二年即公元662年，海東義湘來雲華，禮事智儼法師，願為弟子，與法藏法師同學。二人在華嚴思想方面取得了巨大的成就，法藏法師

〔註34〕李治華，《智儼思想研究——以初期華嚴宗哲學的創立過程為主軸》，臺灣輔仁大學哲學系博士論文，中華民國九十七年六月，第21頁。

〔註35〕沛王賢，武后次子，即後來的章懷太子。章懷太子賢，字明允，高宗第六子也。永徽六年，封潞王。顯慶元年，遷授岐州刺史。其年，加雍州牧、幽州都督。時始出閣，容止端雅，深為高宗所嗟賞。高宗嘗謂司空李勣曰：「此兒已讀得《尚書》、《禮記》、《論語》，誦古詩賦復十餘篇，暫經領覽，遂即不忘。我曾遣讀《論語》，至『賢賢易色』，遂再三覆誦。我問何為如此，乃言性愛此言。方知夙成聰敏，出自天性。」龍朔元年，徙封沛王，加揚州都督、兼左武衛大將軍，雍州牧如故。二年，加揚州大都督。詳情參考：《舊唐書・列傳第三十六・高宗中宗諸子》。

〔註36〕《大正藏》第50卷，第280頁。

〔註37〕《大正藏》第50卷，第281頁。

是中國華嚴宗三祖，華嚴思想的集大成者，義湘歸海東大弘華嚴經，推為海東華嚴初祖。這亦可見智儼慧眼識人，用人有道。智儼晚年「造蓮花藏世界圖一鋪。蓋蔥河之左。古今未聞者也。」可知其「精練庶事。藻思多能」非同尋常。

智儼法師於總章元年十月二十九日圓寂，即 668 年秋。終於清淨寺，春秋六十七。據法藏法師記「儼自覺遷神之候，告門人曰：吾此幻軀從緣無性，今當暫往淨方，後遊蓮華藏世界。汝等隨我，亦同此志。俄至十月二十九日夜，神色如常，右肋而臥，終於清淨寺焉，春秋六十七矣。」據《法界宗五祖略記‧二祖智儼和尚》記：智儼「別號雲華和尚，師居是寺，因而名之。又號至相尊者，亦因主化其中，人故稱之。」

在傳記中對智儼法師門下所傳承的弟子行文不多，有資可考的更不多。只有薄塵、法藏、懷齊（濟）、義湘、慧曉、道成等人，然而，就是在這不多的弟子中，出了兩位對中國與新羅佛教有很大影響的法師，即法藏法師與義湘法師。法藏法師前有所述，義湘法師（625～702 年），俗姓朴，雞林府人，二十九歲於京師皇福寺落髮出家。龍朔二年（662）來唐，往終南山，師事於智儼，與法藏法師同學，久之盡窺華嚴妙旨。咸享元年（670）還國，歸國後弘傳大乘佛法，著有《華嚴一乘法界圖》、《法界略疏》等，被後人推為海東華嚴宗初祖。法藏法師與義湘法師情誼較深，據《法界宗五祖略記‧二祖智儼和尚》記：「後長壽年間，藏公因勝詮法師回新羅。寄書於義想曰：夙世同因，今生同業，得於此報，俱沐大經。特蒙先師，授茲奧典，希傍此業，用結來因。但以何尚章疏，義豐文簡，致令後人，多難趣入。是以具錄微言妙旨，勒成義記，傳之彼土，幸示箴誨。想乃掩室探討，涉旬方出。召弟子真定相圓亮示表訓四人，俾分講探玄記，每各十卷，告之曰：博我者藏公，起予者爾輩，各宜勉旃，毋自欺也。」其他弟子生平皆不詳，基本上都是默默無聞，或只見其名，名不見傳。大概由於「儼所撰義疏，解諸經論，凡二十餘部。皆簡略章句，剖曜新奇，故得其門僚其寡矣。」

智儼的一生是著述弘法的一生，以教育徒眾為職志，一生不求名聞，風範清高，畢生都奉獻給華嚴的研習與弘傳事業中。幼時卓異凡童，生智宿植，得到「弘法之匠」的讚歎。青少年時期，眾歎其慧悟，天縱哲人。歸宗於華嚴。中年潛沉草澤，專研華嚴，對華嚴思想義理多有闡發，為日後華嚴宗的發展打下了堅實的基礎。晚年方屈弘宣，振績京皋，宗風大振，名遍寰內。智儼經過

長時間的潛心專研華嚴，已有一定的成果，況本宿植慧根，悟性尚高。直至晚年始弘宣，自然成績斐然，振續京皋，使得華嚴宗風大振。

1.2.2 智儼的著作

　　據法藏法師對其師智儼法師的記載「儼所撰義疏，解諸經論，凡二十餘部。皆簡略章句，剖曜新奇。」可見智儼的著作有二十餘部，著述頗豐，在這裡法藏法師只是說「二十餘部」，並沒有將智儼法師的著作的名目一一列出。據義天著《新編諸宗教藏總錄》（大正藏第 55 卷）卷第一中所記，智儼法師著有：《搜玄記》五卷、《章門雜孔目》四卷、《要義問答》二卷、《十玄章》一卷、《六相章》一卷、《入法界品鈔》一卷、《楞伽經注》七卷、《金剛般若經疏》一卷。在《新編諸宗教藏總錄》（大正藏第 55 卷）卷第三中記，智儼著有：《大乘起信論義記》一卷、《大乘起信論疏》一卷、《攝大乘論·無性釋論疏》四卷、《入道禪門秘要》，共計十二部著作。據圓超著《華嚴宗章疏並因明錄》（大正藏第 55 卷）中所記，智儼法師著有：《華嚴方軌》五卷、《華嚴疏》十三卷、《華嚴孔目章》四卷、《華嚴問答》二卷、《華嚴玄明要決》一卷、《華嚴供養十門儀式》一卷、《華嚴十玄章》一卷。法藏法師在《華嚴經傳記·智儼傳》說到智儼法師「造蓮華藏世界圖一鋪，蓋蔥河之左，古今未聞也」，這說明智儼法師作有《蓮花藏世界圖》一幅。

　　總上所說，依諸《傳錄》中，智儼法師著作有名目可尋的有十六部：

1.《華嚴經疏》，或云《搜玄記》（五卷），或云《華嚴方軌》（五卷）
2.《章門雜孔目》，亦名《華嚴孔目章》（四卷）
3.《華嚴五十要問答》（二卷）
4.《十玄章》（一卷）
5.《六相章》（一卷）
6.《入法界品鈔》（一卷）
7.《楞伽經注》（七卷）
8.《金剛般若經疏》（一卷）
9.《大乘起信論義記》（一卷）
10.《大乘起信論疏》（一卷）
11.《攝大乘論·無性釋論疏》（四卷）
12.《入道禪門秘要》（一卷）

13.《供養十門儀式》（一卷）

14.《華嚴玄明要訣》（一卷）

15.《華嚴疏》十三卷

16.《蓮華藏世界圖》

但是，其中的著作保存下來的很少，現存的只有以下六本，其他均已佚。

1.《華嚴搜玄記》，全稱《大方廣佛華嚴經搜玄分齊通智方軌》，略稱《搜玄記》，全書五卷，收於《大正藏》第三十五卷

2.《華嚴五十要問答》，又稱《華嚴問答》、《要義問答》，全書二卷，收於《大正藏》第四十五卷

3.《華嚴一乘十玄門》，又作《華嚴十玄章》，全書一卷，收於《大正藏》第四十五卷

4.《華嚴孔目章》，全稱《華嚴經內章門等離孔目章》，簡稱《孔目章》，全書四卷，收於《大正藏》第四十五卷

5.《金剛般若波羅蜜經疏》，全書一卷，收於《大正藏》第五十五卷

6.《楞伽經注》，七卷，現存卷二及卷五等殘卷

以上六本智儼法師的著作，比較有影響的著作是：《搜玄記》、《華嚴孔目章》、《華嚴五十要問答》、《華嚴一乘十玄門》四部。因為智儼法師本身歸宗於華嚴，亦是華嚴思想義理的開創者，在華嚴思想義理方面自有精闢論斷和獨到的見解。以上列舉的著作中能考查著作年代的唯有《搜玄記》，依法藏法師在《華嚴經傳記‧智儼傳記》中記智儼「遂立教分宗，制此經疏，時年二十七。」這裡所說的「經疏」應即是五卷本的《搜玄記》，智儼法師二十七歲即應是唐貞觀二年，公元 628 年所作。「《五十要問答》，曾引用玄奘大師譯（659）《成唯識論》，可知係屬儼大師五十八歲以後的著作。至於《孔目章》還引用《五十要問答》，且由其思想內容看，也屬晚年圓熟的傑作，故為更後的著作。」〔註38〕《搜玄記》中亦提到「十玄門」僅是列出其名目，並未多做解釋，只是，在第一同時具足相應門中引出一個新「十門」（即十對）概念，並且其他九門中亦具有這「十門」（十對），只是其餘九門出發角度不同，在這裡智儼只用一個字來形容，從第二因陀羅網境界門開始，依次用「喻」、「緣」、「相」、「世」、「世」、「理」、「用」、「心」、「智」來說明每一門是從不同角度而闡發的。智儼法師在《華嚴一乘十玄門》中對「十對」概念予以詳細的闡釋說明。在大正藏

〔註38〕高峰了州著，釋慧岳譯，《華嚴思想史》，第 115 頁。

中《華嚴一乘十玄門》的題目後標有「釋智儼撰　承杜順和尚說」，這也很難確定何時所作。下面就其這四部著作作以簡單的概況介紹。

《搜玄記》，全稱《大方廣佛華嚴經搜玄分齊通智方軌》，在東大寺圓超法師所著的《華嚴宗章疏並因明錄》中簡稱為《華嚴方軌》，收於大正藏第35卷。據法藏法師的記載，智儼在至相寺從智正聽受華嚴經，但仍未革所疑，遂遍覽藏經討尋眾釋，得慧光文疏，稍開殊軫，悟得別教一乘無盡緣起之理，欣然賞會。後遇異僧，受其開示，「汝欲得解一乘義者，其十地中六相之義，慎勿輕也。可一兩月間。攝靜思之當自知耳。」後智儼法師「因則陶研，不盈累朔，於焉大啟。遂立教分宗，制此經疏，時年二十七。」由此推測本書撰於唐貞觀二年（628）。全書五卷，為晉譯華嚴之注疏，述其綱要，明其文義。卷首略記晉譯華嚴經的傳譯情況，全書分立五門詮解晉譯華嚴一經文義，即是：（1）「歎聖臨機德量由致」，即讚歎如來佛祖智慧與德行，德備圓通大智無礙。（2）「明藏攝分齊」，敘說華嚴經為三藏中之經藏所攝，為二藏中之菩薩藏所攝，為漸頓圓三教中之頓圓兩教所攝。（3）「辨教下所詮宗趣及能詮教體」，首先敘說所詮宗趣有總別兩種，「所詮宗趣者有其二種：一總，二別。總謂因果緣起理實為宗趣，別有四門。一教義相對以辨宗趣，二境行，三理事，四因果。教為宗義為趣；境為宗行為趣；事為宗理為趣；因為宗果為趣」。〔註39〕其次解釋能詮教體有五種，即「次能詮教體者有其五種：第一義者實音聲名味句，第二義者可似音聲名味句，第三義者不可似音聲名味句，第四義者唯識音聲名味句，第五義者真如音聲名味句。」〔註40〕智儼法師認為，《華嚴經》以「因果理實」為宗趣。而能詮者即是音、聲、名、味、句等。即是以音、聲等顯如來之教；（4）「釋經題目」，逐字解釋「大、方、廣、佛、華、嚴、經」字義，又解釋了「世間淨眼」與「品」意義。（5）「隨文解釋」，在這裡智儼分「總」、「別」兩相來解釋，「初總料簡教之分齊。次別釋文分齊。」先總的解釋教的分齊不同，其次分別釋文分齊不同。「次別釋文分齊有二。一對耶顯正明其分齊。二約所詮義明其分齊。初對耶者有其四門。……二約就所詮明分齊者略有十門。」〔註41〕這裡的「十門」即是「十玄門」，但僅僅列出了名目，並未多做解釋。只是，在第一同時具足相應門中引出一個新「十門」，此「十

〔註39〕《大正藏》第35卷，第14頁。
〔註40〕《大正藏》第35卷，第14頁。
〔註41〕《大正藏》第35卷，第15頁。

門」非彼「十門」，此「十門」即是「十對」概念：一教義具足。二理事具足。三解行具足。四因果具足。五人法具足。六分齊境位具足。七師弟法智具足。八主伴依正具足。九逆順體用自在具足。十隨生根欲示現具足。並且其他九門中亦具有這「十門」（十對），只是其餘九門出發角度不同，在這裡智儼只用一個字來形容。從第二因陀羅網境界門開始，依次用「喻」、「緣」、「相」、「世」、「世」、「理」、「用」、「心」、「智」來說明每一門是從不同角度而闡發的。智儼法師在《華嚴一乘十玄門》中對「十對」概念予以詳細的闡釋說明。《搜玄記》與《華嚴一乘十玄門》中所提出的十玄門前後完全一致，無論是十玄門的名稱還是次序並無絲毫差別。總之，《搜玄記》第五門「隨文解釋」是該書的重點，是智儼法師對晉譯華嚴經有所闡釋和發揮的地方，前四門可說是玄談，第五門始將晉譯《華嚴經》三十四品，各分「辨名」、「來意」、「宗趣」、「釋文」四門加以解釋，此四門中又以「釋文」為重中之重。

《搜玄記》是華嚴宗祖師著作中第一部系統詮釋《華嚴經》的著作，是立此教門開出華嚴思想的奠基之作，影響了以後的諸位祖師。後來法藏法師的《探玄記》即是依之而作，二者對晉譯《華嚴經》的研解方法上有頗多相近之處。新羅・崔致遠在其所撰《唐大薦福寺故寺主翻經大德法藏和尚傳》中曾就《探玄記》與《搜玄記》作一比較，「華嚴經中搜玄義鈔五卷，其文也玉寡，其理也金相追琢為難，鎔裁有待。藏以親窺室奧獨擅國工，善巧逞能其器甚利，乃效同恥者之述撰探玄記二十通。俾璞玉耀嚴身之華渾金成刮膜之具，既玉無泣者或金可懸乎？抑且味搜探之二言，品先後於一字。先搜則艱矣，後探則便焉。其難也擇而聚之之勞，其易也引而取之之速。」〔註42〕「舉要言之，搜玄者索隱之離辭，探玄者鉤深之異語隱能心索十玄之妙旨霞張。深可力鉤十義之圓科月滿遂使包羞者前哲受賜者後生，儼藏連稱提孩具審，古所謂死且不朽久而彌芳者歟！」〔註43〕

《華嚴一乘十玄門》，又作《華嚴十玄章》，全書一卷，收於《大正藏》卷四十五。很難確定何時所作及成書年代，在大正藏中《華嚴一乘十玄門》的題目後標有「釋智儼撰　承杜順和尚說」，可知本書係智儼法師承杜順法師所說而撰，故其思想旨趣，屬杜順的《法界觀門》，但「十玄門」的組織卻是由智儼大師而大成。智儼在《華嚴一乘十玄門》開篇第一句話即開宗明義，「明一

〔註42〕《大正藏》第 50 卷，第 282 頁。
〔註43〕《大正藏》第 50 卷，第 282 頁。

乘緣起自體法界義者，不同大乘、二乘緣起，但能離執常、斷諸過等。此宗不爾，一即一切，無過不離，無法不同也。今且就此華嚴經宗，通明法界緣起。」〔註44〕智儼在這裡明確指出了法界緣起與佛教傳統緣起說的本質區別，概括了法界緣起的核心內容，並且指出整部華嚴經宗就是在說明「法界緣起」，旨在說明一種關於世界、人生和各種現象理想存在狀態的學說，重點說明事物或現象之間本來具有的理想關係，通過修行解脫所要達到的理想境界。「一」和「一切」可以相互等同（一即一切），儘管作為「一切」的事物或現象可以多的不可計數，但是沒有存在於「一」之外的任何個體，也沒有存在於「一切」之外的「一」（無過不離），任何事物或現象都是可以相互等同的（無法不同）。這三句簡明且具有創新意義概括，成為華嚴哲學思想的總綱。《華嚴十玄門》中講的「十玄門」，就是對這個總綱的具體論述。智儼從佛教名相概念分析（「約法」）來探究華嚴玄理（「會理」）。這種「會理」，就是展開論述「十玄門」。〔註45〕即「約法以會理者凡十門」即「一者同時具足相應門」（此約相應無先後說）「二者因陀羅網境界門」（此約譬說）「三者秘密隱顯俱成門」（此約緣說）「四者微細相容安立門」（此約相說）「五者十世隔法異成門」（此約世說）「六者諸藏純雜具德門」（此約行行）「七者一多相容不同門」（此約理說）「八者諸法相即自在門」（此約用說）「九者唯心迴轉善成門」（此約心說）「十者託事顯法生解門」（此約智說）〔註46〕此十門各具教義、理事、解行、因果、人法、分齊境位、法智師弟、主伴依正、逆順體用、隨生根欲性等十義，如此而成百門，以此百門，顯十玄緣起、重重無盡之義。〔註47〕其實此「十玄門」只為說明一個大原理，這就是「一真法界」的原理，十玄是這一原理的詳說，以這十方面來說法界大緣起是事事無礙法界的特徵，因其相即相入，故在空間上，處處只見具足，時時只見同時。這是同時具足，無時無處莫不相應。這就是同時具足相應門，也是十玄緣起的總義。第二是約譬說，第三是約緣說，第四是約相說，第五是約世說，第六是約行說，第七是約理說，第八是約用說，第九是約心說，第十是約智說。「關於『一乘十玄門』乃從《華嚴經》的根本思想，樹立於法界緣起；且將緣起自體的本質性，分為因果兩門：因就

〔註44〕《大正藏》第 45 卷，第 514 頁。

〔註45〕參考：魏道儒，《從《華嚴十玄門》解析佛學中國化》，中國人民大學「第二屆中日佛學會議」學術論文。

〔註46〕參考：《大正藏》第 45 冊，第 515 頁。

〔註47〕參考：《大正藏》第 45 卷，第 514～519 頁。

是屬於方便緣修的普賢觀，果乃自體究竟的十佛境界。又果係絕說相而不可說；因是可說而明方便隨緣」〔註48〕「故地論云，因分可說，果分不可說者是也」〔註49〕確定華嚴經的根本性，才樹立因門可說的教學組織，成為法界緣起體系。十玄門即是從十個方面來說明法界緣起之「重重無盡、圓融無礙」理論。

　　此書所表達的「十玄緣起」乃是華嚴教學之精華，歷代華嚴祖師均傾力研究，智儼法師立十玄門說而顯法界緣起義，法藏、澄觀等承繼其說，或稍改變次第，或稍有增減，然皆植基於智儼之所說。歷來的華嚴學者一般將法藏繼承智儼的十玄門及智儼所述十玄門，稱為古十玄，而《探玄記》中有所創新所立及澄觀所宗之十玄，稱之為新十玄。《華嚴一乘十玄門》雖是一篇短文，但字字珠璣，將華嚴宗之「重重無盡，圓融無礙」的妙理，和盤托出。

　　《華嚴五十要問答》，又稱《華嚴問答》、《要義問答》，全書二卷，收於《大正藏》第四十五卷。很難確定智儼何時所作及成書的具體年代，但是該書中曾引用了《雜集論》、《成唯識論》、《瑜伽論》，可見《五十要問答》成書較晚。《雜集論》與《成唯識論》《瑜伽論》都是玄奘西行求法歸國之後翻譯的，玄奘於貞觀十九年（645）返長安，開始了二十年的翻譯工作。玄奘大師譯（659）《成唯識論》，可知係屬儼大師五十八歲以後的著作。此書亦是智儼詮解《華嚴經》一部力作，本書對《華嚴經》之要義，有極詳細的議論，常以小、始、終、頓、圓五教之立場判釋，或依小乘、三乘、一乘之立場考察。智儼在本書的開篇便說到：「今建五十要問答以顯一乘文義」，可見一書之旨要。全文以五十三條問答來敘述華嚴一乘文義，通過對比本宗一乘與三乘、小乘乃至大乘不同之處，其目的在顯一乘教義。此五十三個問題沒有依據經文的先後，而是先明果德，次明心識、修行等法則。如最初就先明十佛名義、眾生作佛義，皆是從小乘、三乘、一乘等方面進行論述。《五十要問答》中幾乎每一問答都用源自《攝論》的判教模式即「小乘、三乘、一乘」來解答問題，一方面以顯示各乘在此方面的內容有所不同，另一方面突出的彰顯了華嚴一乘的殊勝性。書中對華嚴一些核心的思想義理有所限定和發揮，對其後的華嚴祖師多有影響，尤其是對三祖法藏法師的影響，如「因門六義」、「六相」等。智儼法師的五教判思想即小、始、終、頓、圓之五教判亦是在本書始告成立。

〔註48〕高峰了州著，釋慧岳譯，《華嚴思想史》，第 116 頁。
〔註49〕《大正藏》第 45 冊，第 477 頁。

《華嚴孔目章》，全稱《華嚴經內章門等離孔目章》，簡稱簡稱《華嚴經孔目章》、《孔目章》，全書四卷，現收在《大正藏》第四十五卷。亦很難確定智儼何時所作及成書的具體年代，但據一些學者考證，「《孔目章》乃智儼六十二歲後之作，因有引用玄奘譯的《大般若經》另有引用《要問答》。」〔註50〕本書其宗旨主要仍是彰顯「一乘」文義，內容上是依晉譯《華嚴經》而設，解六十《華嚴經》內之名數法相者，有一百四十一章。解釋《華嚴經》中難解之處，書中不僅闡明《華嚴經》優勝之處，更肯定了《華嚴經》在一切經中的殊勝地位。書中揭示了小乘、一乘、三乘之差別，確立同別二教判，這都是華嚴宗極重要之思想。與《華嚴五十要問答》相同，大部分論題使用判教形式區分教義，其判教模式亦不固定。但是智儼法師的五教判已經正式確立起來，雖然在《五十要問答》中就已經提及，但並未對此「五教」的內涵進行解釋說明，只是依各章內容以「五教」框架進行討論說明。本書是智儼晚年圓熟的傑作。文中除引用新譯《華嚴經》之外，更引用數十部經論，如《法華經》、《起信論》等書。與《搜玄記》、《華嚴一乘十玄門》等，同為法藏《探玄記》之基礎。智儼在此著作中闡釋了一些重要的思想義理如卷一的教分齊義、一乘三乘義章、因果章、唯識章、入佛境界章；以及卷二的發菩提心章、真如章、一乘法海章、五停心觀章；卷三的十地章、轉依章、緣起章；卷四的性起章、融合一乘義等〔註51〕。這些思想對後來的華嚴思想有著非常大的影響，同時亦是華嚴思想的重要組成部分。後人對此書亦多有注疏，如《華嚴孔目章抄》（尊玄）、《華嚴孔目章發悟記》（凝然）、《融會章明宗記》（師會）、《唯識章辨義》（經歷）、《十地章略箋》（賢道）。

小結

二祖智儼法師作為一個以華嚴為業，歸宗於華嚴的學僧，將畢生的精力都奉獻給華嚴的研習與弘傳事業中。智儼的一生是著述弘法的一生，以教育徒眾為職志，一生不求名聞，風範清高。幼時就得到「弘法之匠」的讚歎。青少年時期，眾歎其慧悟，天縱哲人。歸宗於華嚴。中年潛沉草澤，專研華嚴，對華嚴思想義理多有闡發，為晚年出來振興華嚴打下了堅實的基礎。智儼法

〔註50〕李治華，《智儼思想研究——以初期華嚴宗哲學的創立過程為主軸》，臺灣輔仁大學哲學系博士論文，中華民國九十七年六月，第26頁。
〔註51〕參見：《大正藏》第45卷，第536～589頁。

師晚年方屈弘宣，振續京皋，宗風大振，名遍寰內。智儼經過長時間的潛心專研華嚴，已有一定的成果，況本宿植慧根，悟性尚高。晚年始弘宣，自然成績斐然，振續京皋，使得華嚴宗風大振。智儼法師是華嚴思想義理的開創先鋒者，在華嚴思想義理方面有精闢論斷和獨到的見解，這些寶貴的華嚴思想後成為華嚴宗的重要思想義理，在這些華嚴宗的重要思想裏面處處可見到智儼法師思想的影子，華嚴三祖法藏法師即後來的華嚴學集大成者，不能不說是在智儼法師所奠立的堅實的華嚴經學基礎上建立的。

第 2 章　智儼的判教思想

判教是佛教高僧對經典和歷史的一種判釋。就華嚴宗而言，是華嚴宗人藉以確立華嚴經之殊勝地位，並作為宗派依據的重要手段。為了確立華嚴宗的思想體系，確定《華嚴經》在整個佛教經典的權威地位，智儼在總結前人判教學說的基礎上，提出了自己的判教學說。本章先從佛教判教的意義入手，然後對智儼之前的一些判教理論進行闡述，最後著重說明智儼的判教思想。

2.1　佛教判教的意義

判教，全稱教相判釋，略作教相、判教、教判、教攝。教者教相，判是判別，就是分析佛所說法的各種表現樣態，從而區分真實與方便之法的不同，進而界定各種不同經典的重要性。並以此為基礎，對佛教的觀念發展史進行梳理。佛教思想家本著自家本派的立場，來認識各派佛教的思想，但都視之為釋迦一代的說法。只是在形式、方法、順序、教義內容各方面有所不同，因而有不同形式、不同方法、不同順序，以至不同內容的說法。由此而對各種經論加以分類，評定其價值，闡明佛的說法的真意。判教的活動在印度時已有，「上座部曾說佛法中有不了義，這可以說是判教之說的開始。其後大乘佛學起，即與小乘佛學相分判」，〔註1〕如晉譯六十卷《華嚴經・寶王如來性起品》言三照譬喻〔註2〕，

〔註1〕 吳汝鈞編著，《佛教思想大辭典》，臺北：臺灣商務印書館股份有限公司出版，中華民國八十一年七月初版第一次印刷，第403頁。
〔註2〕 譬如日出於閻浮提，先照一切須彌山等諸大山王，次照黑山，次照高原，然後普照一切大地。……如來智慧亦復如是，普照一切，無有分別，隨諸眾生根欲不同，智慧光明種種有異。詳見：《大正藏》第9冊，第616頁。

《法華經‧譬喻品》言火宅三車譬喻〔註3〕，《解深密經‧無自性相品》言有、空、中三時說〔註4〕，《大智度論》卷第四言有大、小二乘的區分〔註5〕，以譬

〔註3〕若國邑聚落有大長者，其年衰邁財富無量，多有田宅及諸僮僕。其家廣大，唯有一門。多諸人眾，一百二百乃至五百人，止住其中。堂閣朽故牆壁隤落，柱根腐敗梁棟傾危。周匝俱時歘然火起，焚燒捨宅。長者諸子，若十二十或至三十，在此宅中。長者見是大火從四面起，即大驚怖，而作是念，我雖能於此所燒之門安隱得出。而諸子等，於火宅內樂著嬉戲，不覺、不知、不驚、不怖，火來逼身苦痛切己，心不厭患無求出意……此舍已為大火所燒，我及諸子，若不時出，必為所焚。我今當設方便，令諸子等得免斯害。父知諸子先心各有所好，種種珍玩奇異之物情必樂著，而告之言：汝等所可玩好希有難得。汝若不取後必憂悔！如此種種羊車、鹿車、牛車今在門外，可以遊戲。汝等於此火宅宜速出來，隨汝所欲皆當與汝。爾時諸子聞父所說，珍玩之物適其願故，心各勇銳互相推排，競共馳走爭出火宅。是時長者，見諸子等安隱得出，皆於四衢道中露地而坐。無復障礙，其心泰然歡喜踴躍。時諸子等，各白父言：父先所許玩好之具，羊車、鹿車、牛車願時賜與舍利弗。爾時長者，各賜諸子等一大車，其車高廣眾寶莊校，周匝欄楯四面懸鈴。又於其上張設幰蓋，亦以珍奇雜寶而嚴飾之。寶繩絞絡垂諸華瓔，重敷婉筵安置丹枕，駕以白牛，膚色充潔形體姝好，有大筋力，行步平正，其疾如風。又多僕從而侍衛之，……是時諸子。各乘大車得未曾有，非本所望。舍利弗，於汝意云何，是長者等與諸子珍寶大車，寧有虛妄不？舍利弗言：不也世尊。是長者，但令諸子得免火難，全其軀命非為虛妄，何以故？若全身命，便為已得玩好之具，況復方便於彼火宅而拔濟之。……如來亦復如是，則為一切世間之父。於諸怖畏衰惱憂患無明暗蔽，永盡無餘，而悉成就無量知見力無所畏，有大神力及智慧力，具足方便智慧波羅蜜。大慈大悲常無懈惓，恒求善事利益一切，而生三界朽故火宅，為度眾生生老病死、憂悲苦惱、愚癡暗蔽三毒之火。教化令得阿耨多羅三藐三菩提，見諸眾生為生老病死、憂悲苦惱之所燒煮，亦以五欲財利故受種種苦。又以貪著追求故現受眾苦，後受地獄畜生餓鬼之苦。若生天上及在人間，貧窮、困苦、愛別、離苦、怨憎、會苦，如是等種種諸苦，眾生沒在其中。歡喜遊戲，不覺、不知、不驚、不怖，亦不生厭，不求解脫。於此三界火宅東西馳走，雖遭大苦不以為患，舍利弗。佛見此已便作是念。我為眾生之父，應拔其苦難，與無量無邊佛智慧樂，令其遊戲舍利弗。如來復作是念，若我但以神力及智慧力，捨於方便，為諸眾生。讚如來知見力無所畏者，眾生不能以是得度。所以者何？是諸眾生，未免生老病死、憂悲苦惱，而為三界火宅所燒。何由能解佛之智慧？舍利弗，如彼長者。雖復身手有力而不用之，但以殷勤方便，勉濟諸子火宅之難，然後各與珍寶大車。如來亦復如是，雖有力無所畏，而不用之，但以智慧方便，於三界火宅拔濟眾生。為說三乘聲聞辟支佛佛乘，而作是言。汝等莫得樂住三界火宅，勿貪粗弊色聲香味觸也，若貪著生愛則為所燒。汝速出三界，當得三乘聲聞辟支佛佛乘。我今為汝保任此事，終不虛也。汝等但當勤修精進，如來以是方便誘進眾生，復作是言。」詳見：《大正藏》第9冊，第12〜13頁。

〔註4〕《大正藏》第16冊，第693頁。

〔註5〕《大正藏》第25冊，第86頁。

喻說明大小乘之別等等。雖然這些並不是獨立的判教理論，但這種判教在印度方面而言，顯示了思想義理之進展，亦與經典文獻的出現有關。因為這些說法，多半是在大乘佛教初出的時候，面對從前的傳統佛教的教義而作出的。印度的判教，從思想背景看，是以後出之義來統攝、批判前出之義。中國佛教的判教情形，則有所不同，「中國高僧大德在吸收印度傳來的佛法時，不必知其經典產生之歷史，但見種種資料皆佛所說，而義理方向有不同。既然諸經都是佛所說，為什麼其中會有不同呢？為了表示佛教乃一大系統，各經典之間亦有其有機之聯繫，這些不同之資料即有融通的必要。融通之後，即見其不相礙，諸經典之間皆有橋樑可通。……以見雙方皆有其價值，亦各成就一義理方向，然皆不離佛陀慈悲救度眾生之大業。」〔註6〕也就是說，在浩如煙海的佛教典籍中，其說法亦常有在義理內容上不一致之處。判教是在一綜合的意識下，把各類經典加以瞭解和消化，然後依一定的標準（如說法的形式、說法的時序、說法的理論的深刻化），把種種不同的教法，分門別類地加以排列，使成一個順序過程，不致產生矛盾。「判教的工作，也就是要形成一總持的智慧，以總持一切經典的價值。」〔註7〕中國佛學的派別亦見於其判教之不同，所以我們可從判教這一角度去認識各派佛學之不同。佛典中間亦有一些相互衝突、不一致的地方，為了消弭衝突、避免矛盾，即以判教的方式將各種說法融和消化，以消除諸佛經間的矛盾。但是佛經如此之多，欲將印度傳入的佛經皆予以適當的地位，在判教的安排上，自有許多可斟酌處。於是，對於諸佛經如何運用判教的方式安排妥當，就產生了中國許多不同的判教理論。

　　「中國佛學的判教，始於鳩摩羅什門下慧觀的判五時教。」〔註8〕這種判教表示出，佛所說諸經之所以不同，在於佛說的時間，與說法的對象的不同，因而有說頓說漸等差異。其後的判教，則更注重諸經在教理內容上的不同，而有種種判教的說法。慧觀是一名涅槃師，判教以《涅槃》為究竟義。慧觀的判教主張「二科五時說」，簡稱「五時說」，現存於吉藏的《三論玄義》，如下：

　　　　言五時者，昔涅槃初度江左，宋道場寺沙門慧觀仍制經序，略

〔註6〕霍韜晦，《佛教的現代智慧》，摘錄自《絕對與圓融》，臺北：東大圖書公司印行，中華民國七十五年四月初版，第65頁。

〔註7〕霍韜晦，《佛教的現代智慧》，摘錄自《絕對與圓融》，臺北：東大圖書公司印行，中華民國七十五年四月初版，第66頁。

〔註8〕吳汝鈞，《佛教思想大辭典》，臺北：臺灣商務印書館股份有限公司出版，中華民國八十一年七月初版第一次印刷，第403頁。

判佛教凡有二科：一者頓教，即華嚴之流，但為菩薩具足顯理。二者始從鹿苑終竟鵠林，自淺至深，謂之漸教。於漸教內開為五時，一者三乘別教，為聲聞人說於四諦，為辟支佛演說十二因緣，為大乘人明於六度，行因各別得果不同，謂三乘別教。二者般若通化三機，謂三乘通教。三者淨名思益讚揚菩薩抑挫聲聞，謂抑揚教。四者法華會彼三乘同歸一極，謂同歸教。五者涅槃名常住教，自五時已後，雖復改易，屬在其間。教雖五時，不出二諦，三假為俗，四忘為真，會彼四忘故有三乘賢聖。破執第二。前責五時次難二諦，問既有五時，云何分於大小？答初一為小，後四為大。〔註9〕

慧觀判佛教有二類：一頓教，即華嚴之類經典，是為菩薩具足顯理，二漸教，於漸教分為五時：一者，三乘別教，即是為三種根性不同的人說不同的內容。為聲聞人說四諦，為辟支佛演說十二因緣，為大乘人明於六度。行因各別，得果不同，謂「三乘別教」。二者《般若》通化三機，謂「三乘通教」，《般若》類經典屬於三乘通教。三者，《淨名》、《思益》，讚揚菩薩，抑挫聲聞，謂「抑揚教」。四者，《法華》會彼三乘，同歸一極，謂「同歸教」。五者，《涅槃》名「常住教」。慧觀的五種教判不只有別、通教之分，即三乘別教是聲聞、緣覺及菩薩三乘根器不同，聽不同法的內容，各得不同的果位。三乘通教是指《般若》類經典的通化三乘不同根基之人。還有抑、揚教之分，讚揚菩薩，抑挫聲聞，即「抑小揚大」。同時認為《法華經》「會三歸一」，謂「同歸教」。又由於慧觀是涅槃師，自然判《涅槃》為究竟義，認為《涅槃》是常住教。慧觀的五十教判說分判的可謂相當精細，其教判名稱的用詞亦恰當貼切，如：通教、別教。慧觀的判教說對後來的諸家的判教說都有所影響。

2.2 慧光、真諦及杜順判教說

2.2.1 慧光的判教說

慧光，俗姓楊，定州長盧人（今河北滄州）。十三歲跟隨佛陀扇多禪師〔註10〕出家。他聰明絕倫，超過常人，被人稱為「聖沙彌」。後從道覆律師學習《四分律》，成為《四分律》專家。慧光曾參與菩提流支和勒那摩提合譯的

〔註 9〕《大正藏》第45冊，第5頁。
〔註10〕參考：《續高僧傳・十九》。

《地論》，並且常常根據自己的見解，提出自己的看法。《地論》譯成後，慧光即開始講授。光統律師雖為地論宗之開創者，然與華嚴宗亦有密切之關係，從其教判思想可見一斑。慧光之著述，現無一部存行於世，只能在他人的著作中略知一二。慧光將各種教說判為三種，並認定《華嚴經》為圓教。《華嚴經傳記》卷二談到慧光時說：

> 後更聽華嚴，深悟精緻。研微積慮，亙涉炎涼。既而探跡索隱，妙盡隅奧，乃當元匠。恒親講授，光以為：正教之本莫過斯典凡有敷揚，備中恭肅。每講必中表潔淨，至於聽眾亦同之，履屢並脫之階外。各嚴香華，顒顒合掌，敬法之勤，千歲罕儔矣！有疏四卷，立頓漸圓三教，以判群典。以華嚴為圓教，自其始也！〔註11〕

由此文義，可知頓、漸、圓之三教，出於華嚴疏之判釋。華嚴二祖智儼法師著述華嚴之《搜玄記》承襲了慧光三教之說而來。

法藏在《華嚴一乘教義分齊章》卷一及《華嚴經探玄記》卷一皆提及慧光依佛陀扇多判一代佛教為漸頓圓三教之說，《華嚴一乘教義分齊章》卷一云：

> 依光統律師立三種教，謂漸、頓、圓。光師釋意，以根未熟先說無常後說常，先說空後說不空，深妙之義，如是漸次而說故名漸教。為根熟者，於一法門具足演說一切佛法，常與無常，空與不空，同時俱說更無漸次，故名頓教。為於上達分階佛境者，說於如來無礙，解脫究竟，果海圓極祕密自在法門，即此經是也。後光統門下，遵統師等諸德，並亦宗承大同此說。〔註12〕

《華嚴經探玄記》亦說：

> 後魏光統律師承習佛陀三藏立三種教，謂漸、頓、圓。光師釋意，一為根未熟，先說無常後乃說常，先空後不空等，如是漸次名為漸教。二為根熟之輩，於一法門具足演說一切佛法，謂常與無常空不空等，一切具說，更無由漸故名為頓。三為於上達分階佛境之者，說於如來無礙，解脫究竟，果德圓極祕密自在法門故名為圓。即以此經是圓頓所攝，後光統門下遵統師等亦皆宗承同於此說。〔註13〕

依法藏的說法，慧光大師精通華嚴學，強調《華嚴經》為正教之根本，著

〔註11〕《大正藏》第 51 卷，第 159 頁。

〔註12〕《大正藏》第 45 冊，第 480 頁。

〔註13〕《大正藏》第 35 冊，第 110～111 頁。

有疏四卷，且立漸、頓、圓三教以判群典，判華嚴為圓教，始於慧光。所謂漸教，是針對根機未熟者，先說「無常」後說「常」，又先說「空」後說「不空」，漸次而說。頓教是對根機成熟者，說一切佛法的具足，故說「常」與「無常」，「空」與「不空」，同時俱說更無漸次。圓教是以上達佛境為旨趣，即如來無礙解脫的究竟果德，屬圓極秘密自在法門。將《華嚴經》攝納於圓教的位置。日本學者龜谷聖馨指出：「光師有漸、頓、圓三教與四宗之分判。前者出於華嚴探玄記一、五教章上、及清涼華嚴懸談十等；後者出於法華玄義會本十等。光師三教之判，乃為華嚴而設也。」〔註14〕

2.2.2 真諦三藏的判教說

華嚴宗判教學的成立，受到地論思想之外，還有攝論的影響。無著菩薩所著的《攝大乘論》雖於公元 531 年由佛陀扇多三藏譯出，但當時卻未被重視。至公元 563 年真諦三藏將世親大士《攝大乘論釋論》譯出，並發心弘揚，始得光揚於世。真諦三藏（499～569），生於西天竺優禪尼國，梁大同十二年（546）來中國，於太清二年（548）入建康，晉謁武帝。據《歷代三寶紀》卷十一記載：太清三年（549）著《仁王般若經疏》六卷、《九識義記》二卷、《轉法輪義記》一卷；過一年後的大寶元年（550）譯出有：《涅槃經本有今無偈論》一卷、《十七地論》五卷、《如實論》一卷、《三世分別論》一卷、《中論》一卷；繼之，還著有《金光明經疏》十三卷、及譯出《金光明經》七卷、《大乘起信論》等，共計撰譯六十四部二百七十八卷。傑出的弟子有：僧宗、法泰、法忍、慧忍、智敫、道尼、慧愷、慧曠、慧侃、僧忍、法准、曹昆、智休大師等。〔註15〕真諦三藏，住中國的二十三年間，雖譯著經典近三百卷之多，但其所崇，乃以《攝大乘論》為主。〔註16〕

真諦三藏的判教思想分為三種：三法論、四教與頓漸。智儼直接從《攝論釋》引用「如來成立正法有三種：一、立小乘、二、立大乘、三、立一乘。於此三中，第三最勝，故名善成立。」〔註17〕這是在平常所說的小乘、大乘之外，別出「一乘法」。以為佛法有小乘、大乘、一乘三種，而以一乘法最優勝。

〔註14〕 龜谷聖馨、河野法雲，《中國華嚴宗發達史》，《現代佛教學術業刊》，華嚴宗之教判及其發展，第 301 頁。
〔註15〕 《大正藏》第 49 冊，第 99 頁。
〔註16〕 參考：高峰了州著，釋慧岳譯，《華嚴思想史》，第 88 頁。
〔註17〕 《大正藏》第 31 卷，第 212 頁。

真諦三藏的教判論，根據圓測（618～696）大師的傳述，小乘三藏為初法論，《槃涅經》為第二法輪，《華嚴經》、《般若經》為第三法輪，且署名為小乘、大乘、一乘，認為大乘是大小合明而異，一乘是同三乘的觀二空理修真實智，無有大小異的差別。此部分內容詳見於真諦三藏譯的世親大士《攝大乘論釋論》（八）釋文。

2.2.3 杜順的判教說

蔣維喬、方東美等學者認為，華嚴宗五教之判，源於杜順《華嚴五教止觀》之五教，即法有我無門（小乘教）、生即無生門（大乘始教）、事理圓融門（大乘終教）、語觀雙絕門（大乘頓教）、華嚴三昧門（大乘圓教）。

五教中的第一教，為小乘的「法有我無門」。這一門略說「小乘破我執」，杜順在此文中列舉出「我執」有「四病」，此「四病」可以以「四藥」來醫治之。小乘以「我」是由五陰四大、因緣和合而成，緣散即滅，「我」並非實有，故說「我空」。小乘雖主張「我空」的道理，但認為六根、六塵與六識所構成十八界是真實存在的，並不只是主觀心理作用的產物。所以，此門略說小乘破我執，稱之為「法有我無門」。

五教中的第二教是大乘始教的「生即無生門」，此門大乘始教要破除「法有」這一執見。杜順大師「先簡名相，後入無生門。」以此來說明諸法出於識心的虛妄分別，並非實有。杜順以「枕」為例說明「法執」的基本概念「名」和「相」，都不是實有，而只存在於心的意識之中。感官直接接觸是無分別的「色法」，是可知覺的事物，事物本身是無分別的，即「法無分別」。舉經論中說，明諸法皆空相無不盡。「於中復為二觀。一者無生觀。二者無相觀。」〔註18〕所謂「無生觀」即觀照到一切法因緣生，無自性，非實有，只是「空」而已。所謂「無相觀」，是說一切法既然性空，便離開所有的表相，因為這些表相是因緣而有，一但緣散，便無相可言。故經云，「一切法皆空。無有毫末相。空無有分別。」如果達到「無生觀」和「無相觀」，便知「法非實有，妄見為有」，始知「法空」，這樣不再執著於一切法，就連對空法本身也不會執著。

五教中的第三教是大乘終教的「事理圓融觀」，《華嚴五教止觀》一文中五教，其中有四教稱之為「門」，只有第三教稱之為「觀」，杜順給予此門稱之為「觀」的理由如下，「今既有無，無二而二。二而不二。是故雙離兩失。頓絕

〔註18〕《大正藏》第 45 冊，第 511 頁。

百非。見心無寄。故名觀也」事理圓融觀，即「事理兩門圓融一際者。復有二門。一者心真如門。二者心生滅門。心真如門者是理。心生滅者是事。即謂空有二見。自在圓融。隱顯不同。竟無障礙。」〔註19〕

　　五教中第四教是大乘頓教的「語觀雙絕門」。所謂「語觀雙絕」者，即是「言語道斷，心行處滅是也。即於上來空有兩門。離諸言論心行之境。唯有真如及真如智。」，就是說不以任何名言概念，及思想分別加諸於「真際」或「實相」。所有的存在都是「如是如是」，本來如此。任何人為的心智言語加諸其上，都不能表達此真際實相。不說即說，也就是停止一切情慮、思維、言說，便是言說的本質。這時心靈達到超越一切分別想的境界，甚而進入神秘之域。唯有自知，不得與他人分享。

　　五教中的第五教是「華嚴三昧門」，此門旨在揭示「法界緣起」之理。這是華嚴宗最核心並獨具特色思想義理，是佛在定中所示現，是佛的圓明性德的呈現，謂萬法相互融通，以一法成一切法，以一切法起一法，主伴具足，相入相即，並存無礙。「法」是指事物，包括世間法和出世間法，泛指宇宙一切現象。「界」是界限、類別、分齊等義，指分門別類的事物各有著不同的界限。「法界」即是宇宙萬有的總相（本體），融攝一切萬物稱為法界。即一切事物都由法界所生起。「法界之形成，關係著宇宙的一切事物與現象，以一法成一切法成（一即一切），一切亦含攝於一之中。一切法即一法所成（一切即一）。一與多、心與境等圓融無礙，當知本體即現象、現象即本體，一切法緣一切法從而又成為一大緣起。」〔註20〕「華嚴宗說法界緣起，認為宇宙中森羅萬象的事法，有為無為，色心依正，過去未來，都互為因果，如果此一法為能緣起，則其他一切萬法都是所緣起，又以其他一切萬法為因，則此一法便是果，自他互為能緣起所緣起，相依相成，圓融無礙，而成為法界一大緣起，如是法界之一與一切互為主從，互為能緣起所緣起，故以一法成一切法，以一切法起一法，相入相即，圓融無礙而又重重無盡，即稱此為華嚴宗之法界緣起。如《華嚴經探玄記》卷一中提到的「因陀羅網」之喻，即表明了法界緣起之重重無盡、圓融無礙之理。此為一乘圓教之緣起觀。與之相對應的是華嚴宗的一乘圓教。」〔註21〕

〔註19〕《大正藏》第 45 冊，第 511 頁。
〔註20〕釋隆賢，《略論華嚴宗之法界緣起》，杭州佛學院專科班畢業論文。
〔註21〕釋隆賢，《略論華嚴宗之法界緣起》，杭州佛學院專科班畢業論文。

　　杜順大師提出「法界緣起」,「不必更須前方便也」,即是說前四門「法有我無門」即小乘能破我執,但未能破法執。大乘教能破「我法兩執」達到「人法兩空」的境界,「人法兩空」打破「常識執見」,可取得「觀照般若」,便悟得「空有不二,事理圓融」之理。如此方能以超離言詮的智慧,來體會「法界緣起」的真諦。「杜順大師所說『法界緣起,惑者難階。若先不濯垢心,無以登其正覺』之意;即必先要破除『生滅心』,『妄計執』,方得直接觀照一切萬有本來性空,是乃『法界緣起』的真實涵義。」〔註22〕

　　杜順大師以「一一徵問」形式及佛教常運用的論證方法,即「遮情」與「表德」,所謂「遮情」,是「遮凡夫之情」,也就是以否定語句表達的論證;而「表德」是「表真言之德」,也就是以肯定語句表達的論證;這是因為諸法實相,絕離言詮,不是任何名言概念所能表達的,所以經常運用這兩種論證方法。此兩種論證方法都不離「四句」的基本句型,所謂「四句」乃就對立的事物,如「有」、「無」予以「肯定」、「否定」、「雙重肯定」,以及「雙重否定」,實顯示令人保持動態思維的辯證邏輯。

2.3　智儼的判教思想

　　在智儼的時代,判教是中國佛教思想界的中心課題,不同學派紛紛成立自身的判教體系,「使各類佛典與教義統攝於整合的模式之中,透過比較而界別與會通,一方面清除矛盾,另一方面突顯自身立場的殊勝,但仍尊重其他依於不同佛經的差別立場與判攝。」〔註23〕智儼作為華嚴宗義理的開創者,在這一時期也創立了具有華嚴宗特色的判教體系。智儼的判教學說受到當時判教學說的影響,據《華嚴經傳記》之「智儼傳記」中所提到智儼曾向多師學習,如法常、靜琳和智正等眾師,〔註24〕皆是地論學統、攝論學統中人,可見智儼跟地論、攝論這兩學派有密切關係,其判教思想受到這兩學統的教說影響,是很自然的事。又智儼在承襲地論、攝論學統的判教說法之同時,亦對這些說法作出改造,還吸收杜順大師一些新的成分,以達到顯揚《華嚴經》的目標,創立

〔註22〕俞懿嫻,《華嚴五教止觀哲理探》,《第六次儒佛會通學術研討會論文集——上冊》,2002 年 7 月,第 362 頁。

〔註23〕李治華,《智儼的早期判教思想初探——兩種三教判》,華嚴專宗學院佛學研究所論文集(十二)第一篇文章。

〔註24〕具體可參考:《大正藏》第 51 卷,第 163 頁。

了具有華嚴宗自身特色的判教體系，為華嚴宗判教學說奠定了一個的基本的架構。

2.3.1 漸、頓、圓的三教判

智儼的《搜玄記》在說明《華嚴經》的殊勝地位時，提及漸、頓、圓三種教，如下：

> 明藏攝分齊者，斯之玄寂，豈容言哉。但以大悲垂訓，道無私隱，故致隨緣之說，法門非一。教別塵沙，寧容限目。如約以辨，一化始終教門有三：一曰漸教、二曰頓教、三曰圓教。〔註25〕

佛陀所證悟的境界，高深玄妙，非言語所能表達。佛祖慈悲，應不同機緣，顯示不同教門。由於教門眾多，不可完全列舉。如要把它們分類，則有漸教、頓教、圓教三教。智儼在《搜玄記》中對漸、頓、圓三教有明確定義。

2.3.1.1 漸教

> 所言漸者，為於始習、施設方便，開發三乘引接之化，初微後著，從淺至深，次第相乘，以階彼岸，故稱為漸。〔註26〕

漸教是為初學佛法的人施設方便的教學，其教學方法為從淺至深，次第相承，故名為「漸」，智儼將「漸教」又分為「所詮」內容和「所為」對象兩種。

就「所詮」有三教，即「修多羅」、「毘那耶」、「阿毘達磨」這三種教亦即我們通常所說「經」、「律」、「論」三藏，這三藏分別以詮釋「定」、「戒」、「慧」為主題內容。

就「所為」有二教，即「聲聞」與「菩薩」，「聲聞」是為鈍根之人修行而設的教法。「菩薩」是為利根之人修行而設的教法。在「聲聞」中亦分為鈍根、利根兩種，如下：

> 一聲聞聲聞，是人本來求聲聞道樂觀四諦，今遇佛說四諦法得道。先有種性，今復聞聲故曰聲聞聲聞。如經中說：求聲聞者，如來為說四真諦法。據此為言。〔註27〕

> 二緣覺聲聞者，先求緣覺道，今遇佛說因緣教法。如經中說：求緣覺者，如來為說十二緣法。就此為論。〔註28〕

〔註25〕《大正藏》第35卷，第13頁。
〔註26〕《大正藏》第35卷，第15頁。
〔註27〕《大正藏》第35卷，第14頁。
〔註28〕《大正藏》第35卷，第14頁。

「聲聞聲聞」是「聲聞」中鈍根者，聽佛說「四諦」法而得覺悟。「緣覺聲聞」是「聲聞」中利根者，先求「緣覺」道，今聽佛說因緣教法，而斷惑證理。雖然「聲聞聲聞」與「緣覺聲聞」有利鈍之別，但同修小乘果，總為「聲聞」藏，都是聽聞佛的教誨之聲而有得覺悟。

在「菩薩」中亦有「鈍根」「利根」之分別，如下：

> 一者先習大法，後退入小，今還進大故。經說言：除先修習學
> 小乘者，我今亦令入是法中名漸入也。〔註29〕

> 二者久習大乘今始見佛，則能入頓。故經說言：或有眾生世世
> 已來常受我化，始見我身聞我所說，即皆信受入如來慧也。〔註30〕

頓根「菩薩」曾先學習大乘，後來退而學習小乘，今還入大乘。經中亦說，除了先修習學小乘者，佛祖亦令修習菩薩道之鈍根之人入小乘法中學習。這稱作「漸入」。利根「菩薩」一直修習大乘，今始見佛，便能入頓教之門。

智儼還特別指出《華嚴經》在「所詮」三教中為「修多羅藏」所攝，即為「經」藏所攝。在「所為」二教中為「菩薩藏」所攝。

2.3.1.2 頓教

頓教「謂始於道樹，為諸大行，一往直陳宗本之致。方廣法輪，其趣淵玄，更無由藉，以之為頓。」〔註31〕頓教是針對修習大乘的修行人而講，此等眾生，根器很好，不經次第、階段而直下證入真理的覺悟。

智儼引用了《華嚴經》的偈語為證言，說明有「頓教」一類，並且「以此文證知有一乘及頓教、三乘差別」。如下：

> 若眾生下劣，其心厭沒者。示以聲聞道，令出於眾苦。
> 若復有眾生，諸根少明利。樂於因緣法，為說辟支佛。
> 若人根明利，饒益於眾生。有大慈悲心，為說菩薩道。
> 若有無上心，決定樂大事。為示於佛身，說無量佛法。〔註32〕

智儼在後面隨文疏釋經句時，對這四偈所作的分析是「此文有四，聲聞緣覺漸頓等分四。亦可一乘三乘分四也。」〔註33〕就是說這四偈對應四種教即聲聞教、緣覺教、漸教和頓教，亦可以是三乘教和一乘教分四。智儼最後簡別

〔註29〕《大正藏》第 35 卷，第 14 頁。
〔註30〕《大正藏》第 35 卷，第 14 頁。
〔註31〕《大正藏》第 35 卷，第 15 頁。
〔註32〕《大正藏》第 35 卷，第 14 頁。
〔註33〕《大正藏》第 35 卷，第 72 頁。

頓教和一乘教的異同，「問：頓悟與一乘何別。答：此亦不定，或不別，或約
智與教別，又一淺一深也。一乘藏即下十藏也，相攝準之。」〔註34〕在智儼看
來，頓悟與一乘「不定」，或可以說二者是沒有分別，又可以說前者側重顯示
「智」，後者側重顯「教」，也可以說前者較淺，後者較深。「一乘藏即下十藏
也」可見智儼視《華嚴經》為一乘教的經典。

2.3.1.3 圓教

「所言圓教者，為於上達分階佛境者，說於如來解脫法門、究竟窮宗、至
極果行、滿足佛事，故曰為圓。」〔註35〕在智儼法師看來，所謂圓教者，為那
些正在邁向佛境的人而說，此種法門是解脫究竟法門，這法門是有究竟的宗義
及無上的行因果報和圓滿的佛事。智儼還指出「此經即頓及圓二教攝。」這說
明在所判釋的「漸」「頓」「圓」三教中，智儼把《華嚴經》判為向利根修行人
所說示的頓教和圓教。

智儼論述漸、頓、圓三教的特點後，認為三教的旨趣一致：

> 如窮之以實，趣齊莫二，等同一味究竟無餘。何殊之有。但以
> 對治功用不等故。隨根器別其淺深，言分有三。〔註36〕

智儼指出三教的旨趣歸一，都是要取得最高的覺悟最高的境界，只是隨
對象的根器利鈍的不同，才有淺深的差異。

三教的次第也不是固定，「約對治方便、行門差殊」有三種不同排列。智
儼有以下一段話：

> 其次第者，就於一乘了義實說，約對治方便、行門差殊，要約
> 有三，以明次第：一者據方便修相對治緣起自類因行以明三教，漸
> 即在初，頓中，圓後，三義從漸說也。初漸以生信，次頓以成行，
> 次圓以成體用耳。二者若約實際緣起自體因行以明時，頓初，漸
> 次，圓後。初示頓以令修，次示漸彰為物，後示圓果德備故也。三
> 者若約窮實法界不增不減無障礙緣起自體甚深秘密果道時，即初
> 圓，次頓，後漸也。所以爾者，正以沖宗不遺於玄想，圓道不簡於
> 始門，是以事雖近而至遠，相雖著而至密，淺至極深方窮。故初示
> 圓令見聞，次彰頓令隨喜，後辯漸階位顯德起信行也。此即約圓以

〔註34〕《大正藏》第35卷，第14頁。
〔註35〕《大正藏》第35卷，第15頁。
〔註36〕《大正藏》第35卷，第15頁。

明三耳。〔註37〕

智儼從「方便因行」「實際因行」「窮實果道」三方面分辨三教的三種不同次第，如下：

（1）從眾生方便修習方面來看，三教的次序是「漸即在初，頓中，圓後」，「初漸以生信，次頓以成行，次圓以成體用耳。」眾生先修習漸教，以產生對佛法的信心。其次修習頓教，以成就正確的行為。最後修習圓教，以證成真實的體用。

（2）從眾生的實際修行方面來看，三教的次序是「頓初，漸次，圓後」，「初示頓以令修，次示漸彰為物，後示圓果德備故也。」先說示頓教令眾生頓悟以修習正確的行為。其次說示漸教彰顯真理。最後說示圓教，顯示佛果完備功德。

（3）若從純粹最究極的果位上方面看，是「初圓，次頓，後漸也」，「初示圓令見聞，次彰頓令隨喜，後辯漸階位顯德起信行也。」首先說示圓教，令見聞圓滿的佛果。其次彰顯頓教，令其隨喜，最後辨明漸次修行的階位，顯示果德以起信心實行通向佛果之道。

此漸、頓、圓三教說，並非智儼大師首創，實乃慧光法師繼承佛陀三藏的主張立有漸、頓、圓三教。慧光法師是第一個將《華嚴經》判為圓教之人，智儼大師閱得慧光的《華嚴經疏》，而悟得《華嚴經》「一乘別教無盡緣起」之理，故為《華嚴經》作疏時，依承慧光法師的說法，是很自然的事。

2.3.2 小乘、三乘及一乘

智儼在如前「頓教」中引到「以此文證知，有一乘及頓教三乘差別。又依真諦《攝論》，一者一乘，二者三乘，三者小乘也。」〔註38〕智儼在其後的表述中無論是《搜玄記》還是《五十要問答》中都經常將小乘、三乘、一乘三種教並列起來討論，可見真諦《攝論》對智儼的影響。如在《搜玄記》中疏釋「光明覺品」時說：「文殊說偈，歎佛一乘，三乘小乘法是一乘信法方便也。」〔註39〕這裡提到三乘、小乘兩種教，是導向一乘教的方便。智儼在《搜玄記》中疏釋「十地品」時說：「地法深密，非粗智知。所以然者，為地教法。託彼諸乘及世間善事，以顯阿含法義分齊。雖託顯一乘理，仍三乘小乘當宗自住，

〔註37〕《大正藏》第 35 卷，第 15 頁。
〔註38〕《大正藏》第 35 卷，第 14 頁。
〔註39〕《大正藏》第 35 卷，第 26 頁。

不失自宗。如鹽成羹，鹽自住性，而羹義得成。」〔註40〕這就是說，一乘理假託三乘、小乘事法以彰顯，而三乘法和小乘法在顯一乘理時，並不失其自宗，如同鹽做成羹，鹽不失其鹹性，羹也得成。《搜玄記》中對小乘、三乘、一乘三教的「因緣觀」作以對比，如下：

> 又依小乘，六因四緣；若依三乘，即十因、二十因等；若依一乘，即隨法辨因，為一一因緣，理事各別，與法界等。今六因義，唯一乘能窮。〔註41〕

小乘因緣觀所觀者為六因四緣；大乘因緣觀所觀者為十因、二十因等；一乘教則是隨個別事理法觀一一因緣，理事各各不有所同，「六因義」為此引文前智儼著力論述者，即「因」的六種特性，即此「六因義」只有一乘教能窮極究竟。

智儼在《華嚴五十要問答》之第四十一問「乘門數名不同義」中立出此三教的出處，如下：

> 又約諸經論乘有四種：一者，二乘，謂大、小二乘，於方便中從教趣果分二故；二者，三乘，謂大乘、中乘、小乘，於方便中從理成行分三故；三者，依《攝論》，一乘、三乘、小乘，謂於教門中成機欲性顯法本末差別不同故；四者，依《法華經》，三乘、一乘，約界分體相方便究竟不同故。〔註42〕

由此引文可知，「一乘、三乘、小乘」三種乘的分判說源出於《攝論》，有關《攝論》判教思想與智儼判教思想淵源見於上一節內容。但是「在《攝論》中，並沒有明確的地方顯示此三教判，而只是在真諦法師所譯、世親所作的《攝大乘論釋》中有這麼一句話：『如來成立正法有三種：一、立小乘，二、立大乘，三、立一乘。於此三中，第三最勝，故名善成立』」〔註43〕，可以看出，智儼大師將三種乘中的「大乘」變為「三乘」，其實「『三乘教』在智儼的判教體系裏通常是指大乘教；這點從智儼別出小乘教為一類教，把它跟三乘、一乘二類教並陳，亦可以看出來。」〔註44〕如上面所引文都是將一乘、三乘、小乘

〔註40〕《大正藏》第 35 卷，第 49 頁。
〔註41〕《大正藏》第 35 卷，第 66 頁。
〔註42〕《大正藏》第 45 卷，第 525 頁。
〔註43〕覺深，《華嚴二祖智儼法師》，網上提供資料。
〔註44〕廖明活，《智儼判教思想的形成——〈搜玄記〉和〈五十要問答〉的判教學說》，《佛教思想的傳承與發展——印順導師九秩華誕祝壽文集》，1995 年 4 月出版，第 346 頁。

並列舉出。其實在整部《華嚴五十要問答》中，每一個問答，都是採用判教分類的方式來解決問題。智儼大師大部分都是從一乘教、三乘教、小乘教三個方面進行論述，所表現出來的諸教差別即是此三教差別。智儼大師以此三教來分判如來一代聖教，自有突顯華嚴一乘別教之意。正如文內所說「華嚴是主，餘經是眷屬」。

2.3.3 同教、別教之判

智儼在《孔目章》中說過，「前德已述通別二教，而未見釋相。今以理求，通之與同義無別趣也。」〔註45〕可知「通別二教」是前德已述，並且智儼認為「通之與同義無別趣也」，即「通」與「同」無有分別，遂將「通」更換為「同」，所以，「通別二教」確實已有前德說過，但並未「釋相」而「同別二教」應是智儼首創。

智儼在《搜玄記》中已有「同別二教」觀念，在論及「漸、頓、圓」三教之「圓教」時說：

> 問此經何故上來通三乘分別及攝者？答為此經宗，通有同別二教三乘境見聞及修等故也。如法華經三界之中三車引諸子出宅，露地別授大牛之車，仍此二教同在三界為見聞境。又聲聞等為窮子，是其所引。故知小乘之外別有三乘，互得相引主伴成宗也。〔註46〕

如前所述，華嚴經是頓教及圓教兩教所攝。但如何以「漸」通及攝呢？智儼解釋是，《華嚴經》包含「同」和「別」兩種教，為三乘境界修行人見聞和修習的對象。智儼引《法華經》三車之喻來說明，長者在火宅中，對諸子說外面有羊、鹿、牛三種車，以誘引其兒子出離火宅。兒子離開火宅來到露地後，長者一律授與他們大白牛車。智儼認為比喻中的羊車、鹿車、牛車，是「同教」，為方便施設。比喻中的大白牛車，是「別教」，為真實所授，它們同為三界中修行人見聞的對象。對於三乘修行人之不同根機以「方便」即漸教引導出來，也是無不可的。智儼這裡強調《華嚴經》的教學有「別」亦有「同」，《華嚴經》顯示的是別教一乘的究竟至極之義，有「別」於其他經，同時與其他經又有相「同」之處，都是方便應機教化眾生。但是關於同別二教之異同，這裡並未說及。

〔註45〕《大正藏》第 45 卷，第 585 頁。
〔註46〕《大正藏》第 35 卷，第 14 頁。

智儼在《孔目章》中對同別二教有較詳細的說明，如在「融會三乘決顯明一乘之妙趣」一章開篇便為同別二教定義，如下：

> 圓通之法，以具德為宗，緣起理實用二門取會。其二門者，所謂同別二教也。別教者，別於三乘故，《法華經》云三界外別索大牛之車故也。同教者，經云會三歸一，故知同也。又言同者，眾多別義，一言通目故言同。又會義不同，多種法門。隨別取一義，餘無別相故言同耳。所言同者，三乘同一乘故。又言同者，小乘同一乘故。又言同者，小乘同三乘故。〔註47〕

「因果理實」為慧光大師所認為的華嚴經宗趣，智儼則以「同別二教」來體會華嚴宗趣「緣起理實」之德相的二門。智儼在這裡明確地定義了同別二教，仍引用《法華經》三車之喻，有別於三乘的大白牛車是別教一乘，法華的會三歸一即是同教一乘，隨後又列舉了一些「同」的意義，同教若同於一乘則成同教一乘，若小乘同於三乘，應是同教三乘。

智儼在此又分析本經《華嚴經》一些品融會三乘顯明一乘之妙趣，有「以一乘別教。從三乘說。」有「用一乘圓教。從三乘教。以顯一乘別教說。」有「彼一乘別教。以顯一乘文義。」有「寄三乘之教。卻顯一乘玄趣。」如下：

> 又《華嚴經》文前之五會，及十明已後。盡不思議品。即以一乘別教，從三乘說。十地中文，即用一乘圓教，從三乘教，以顯一乘別教說。所以知者，故文中以悉曇字音，會成無盡故也，普賢性起用。彼一乘別教，以顯一乘文義。由彼文中是廣大說故，離世間下二會之文，一乘行法，以始標終說故。教義俱一乘也。又十地以前四會中六決定文。何故不依十數而說？答為六決定是本分義。深體略難解故。寄三乘之教。卻顯一乘玄趣。令其聞者一往易解也。〔註48〕

這主要是說，《華嚴經》縱使是「一乘別教」，也有方便應機，亦可「從三乘說」，主要是通過三乘方便施設的教法，以顯一乘究竟的旨趣，令聽受者更容易理解。

在智儼看來，同別二教並不可獨立存在。如：

> 又一乘之法，對機以明別，非謂自相而可別。隨機論別，別別別

〔註47〕《大正藏》第 45 卷，第 585～586 頁。
〔註48〕《大正藏》第 45 卷，第 586 頁。

別別別別別別別，所以說十者，欲顯無量故。又一乘同法，對智以彰
同，若引機以會同，則同同同同同同同同同同，即窮無盡也。〔註49〕

一乘之法是因根機不同而成「別」，非謂自相而可別。一乘同法是引不同
的根機來同智。總之，這是「隨機論別」與「引機會同」的不同。但是別教一
乘自有其無可比擬的殊勝地方，如下：

又小乘未窮論道故有諍論，三乘及同教窮其論道故有定論。別
教一乘絕其論道，故無論義經。法門具滿，無喻可說故，無譬喻經。
法門圓備，不可由致而說故，無因緣經。此則佛法善施教網極巧然
矣。〔註50〕

這裡把別教一乘與小乘三乘及同教在表達言教上之不同對比一下，可見
別教一乘圓滿勝過其他，不需有論義經、譬喻經、因緣經。

智儼在文中又特別指出，同別二教中亦各有同別，如下：

又別教之中，亦有同別。由多即一，是其同也。為一中多，即
是別也。同教之中，亦有同別。一乘三乘同一善巧，是其同也。各
為據機別，即是別也。〔註51〕

「多即一」、「一中多」是華嚴一乘圓義，「一中有多，多中有一，是自體
自相開合，不涉教乘。同教之同別是因於根機不同時為別，此別仍為同教中之
別，而同教之同則入於一乘，是同教一乘義。」〔註52〕

智儼在《五十要問答》亦提到「別教」，只不過與「一乘共教」並列，將
「別教」與「同教」分開來談。在第三節問答「眾生作佛義・十稠林後釋」
中說：「如《華嚴經》說：以此義準上四句義，即是一乘共教，非別教也。」
〔註53〕這是說把《華嚴經》所說的一乘教之成佛義，與前面所述其他教之成
佛義互相對比，可見《華嚴經》所明的乃是一乘共教之義，非別教之義。這裡
「別教」是指一乘教中有別於其他教的成分。

「同教」見於第四十八節問答「普敬認惡義・第九迴向初釋」中，如下：

此中所明如來藏、佛性，雖約諸義，差別不同，皆是同教一乘

〔註49〕《大正藏》第 45 卷，第 586 頁。
〔註50〕《大正藏》第 45 卷，第 586 頁。
〔註51〕《大正藏》第 45 卷，第 586 頁。
〔註52〕莊崑木，〈略論華嚴別教一乘與同教一乘之異同〉，《法光學壇》Dharma Light Lyceum，法光佛教文化研究所，1997 年第 1 期，第 82 頁。
〔註53〕《大正藏》第 45 卷，第 519 頁。

義也。何以故？為成普法故，普法所成故。〔註54〕

這是說諸經所講的如來藏、佛性，意義雖有差別，但皆是「同教一乘」之義，原因是它們都成就「普法」。「普法」乃是三階教的一個重要觀念，其涵義之一，是說眾生的根器無論是好是壞，同有一體即是如來藏清淨心。

智儼另有「一乘共教」「一乘不共教」〔註55〕所表達意義與「一乘同教」「一乘別教」無大的差別。智儼在《搜玄記》之「四諦品第四」中提到「一乘共教」，如下：

> 問何故不依一諦而依四諦設則者，為通與下三乘人作見聞境，
> 成後起信入道因緣故。又亦可以此通有作、無作，為是一乘共教故。
> 一乘有作即空，一乘無作不空，此可思之也。〔註56〕

《華嚴經》作為一乘教的經典，為何演說淺近的四諦觀念時，智儼法師在這裡指出《華嚴經》的一乘教學有些地方亦是通於三乘人，是誘導三乘人「起信入道」的「因緣」，《華嚴經》所說的「四諦」包括「有作」和「無作」兩種。〔註57〕這也是在說明《華嚴經》的一乘教學亦有淺易、應機的一面，從而提出「一乘共教」，可以看出「一乘共教」與「同教」的意義無甚大差別，這也是在顯示《華嚴經》的教學與其他經的教學有「共」通方便的地方。

智儼在《搜玄記》之「離世間品」中提到「一乘不共教」，如下：

> 一乘之行學亦有始，若依定學明始分齊者。若約迴心人，即用
> 非至定及初禪定等，為學始。若據直進人，即用光得意言定，為初
> 學始。若約一乘不共教，據行即寂靜勝三昧為初學始，若約行解，
> 即華嚴定為初學始。若約行位，即十行位定為初學始。若約人知十
> 軌，則用師子奮迅定為初學始。若約解信等，即用淨藏定等為初學
> 始。若約正解用，性起法門為初學始。若約解位即十解位定為初學

〔註54〕《大正藏》第45卷，第534頁。

〔註55〕智儼共、不共的概念，是依據《大智度論》的共般若、不共般若，參考：釋正持，《華嚴宗五教判起源與五教十宗》，華嚴專宗學院佛學研究所論文集。

〔註56〕《大正藏》第35卷，第26頁。

〔註57〕四諦的「有作」「無作」兩種說法，見於《勝鬘經·法身章》第8。《勝鬘經》又稱「有作四諦」為「有量四諦」，稱「無作四諦」為「無量四諦」，說「作聖諦」義者，是說有量四聖諦。何以故？非用因他能知一切苦苦、斷一切集、證一切滅、修一切道。……說「無作四諦」義者，說無量四聖諦義。何以故？能以自力知一切苦、斷一切受集、證一切受滅、修一切受滅道。(《大正藏》卷12，頁221中)。由此可見這兩種四諦，有深和淺、圓滿和不圓滿的分別。

始。此等約歸向本實為言。頓悟人意言無分別定為初也。〔註58〕

這裡指出一乘的修行教學中，始入「定學」時之不同分齊，這裡列舉「迴心人」、「直進人」、修「一乘不共教」人等人所始習的禪定，雖然對「一乘不共教」沒有明確界定，但從其所始習的禪定的性質看，及聯繫文義可知「一乘不共教」，與其他乘的教學有所區別，而與「別教」意義無甚大區別。

智儼在《五十要問答》之「二十一一乘分齊義」問答中，把一乘教分為兩種，即「共教」「不共教」，如下：

> 問一乘教義分齊云何？答一乘教有二種：一共教，二不共教。
> 圓教一乘所明諸義文文句句皆具一切，此是不共教，廣如《華嚴經》
> 說。二共教者即小乘三乘教，名字雖同，意皆別異，如諸大乘經中
> 廣說。可知仍諸共教，上下相望，有共不共，如小乘教三世有等。
> 三乘即無，三乘教有。小乘即無，或二乘共有，如道品等名數共同。
> 或二乘俱無，則一乘教是也。〔註59〕

智儼法師認為，一乘教有二種，一者共教，二者不共教。不共教亦稱「圓教一乘」，圓教一乘所明的義理，每一文，每一句都具足一切義理，廣如《華嚴經》說。但此教所說唯通於諸大菩薩，諸大聲聞如聾如啞，故名不共教；共教即是小乘教和三乘教所共通，如諸大乘經中廣說。令其生信起行分證，向其顯示一乘教之殊勝令其見聞後修行入證，與一乘相似但與「不共一乘教」有內外之別，教義也不盡相同。如《法華經》所說，長者在火宅內告知外面有羊車、鹿車、牛車，而出界外只有一大白牛車。即是說，三乘在三界內成其行，而在三界外實唯有一佛乘，無二亦無三。《法華經》通於三乘所說，令眾歸於一乘，故名一乘共教，而《華嚴經》所說與三乘、小乘等不共，唯諸大菩薩所能了知，故名一乘不共教。「共教」即三乘教和小乘教中亦有「共不共」，「不共」如「三世有」觀念，小乘教有，三乘教無；三乘教的一些觀念，而小乘教則無。二乘「共」有，如「道品」等名數，同見於小乘教和三乘教。

在《五十要問答》之「二十六諸經部類差別義」中分判諸經部類差別，提到「不共教」和「共教」，如下：

> 《華嚴》一部是一乘不共教，餘經是共教。一乘三乘小乘共依
> 故，又《華嚴》是主，餘經是眷屬。以此準之諸部教相義亦可解，

〔註58〕《大正藏》第 35 卷，第 82 頁。
〔註59〕《大正藏》第 45 卷，第 522 頁。

如《法華經》宗義是一乘經也。三乘在三界內成其行故,一乘三界
外,與三界為見聞故。〔註60〕

智儼判《華嚴經》為一乘教代表之經典,且《華嚴經》屬於「一乘不共
教」,餘經是共教,因為它們為「一乘、三乘、小乘共依故」,華嚴是眾經之
「主」,餘經是「眷屬」。這裡自有突顯《華嚴經》的殊勝及優越性。

2.3.4 五位判教說

有學者認為智儼在《孔目章》中首次提出「五教」說,其實不然,在《五
十要問答》中就已經提及。但並未對此「五教」的內涵進行解釋說明,只是依
各章內容以「五教」框架進行討論說明。

《華嚴五十要問答》之「三眾生作佛義・十稠林後釋」中「問依諸教中有
情眾生作佛云何。」依五教分齊回答如下:

小乘:於一時中但菩薩一人慈悲愛行,依三十三心次第作佛。餘見行者並
不作佛,但得二種涅槃住無餘也。

三乘始教:若依三乘始教則半成佛半不成佛。

三乘終教:若依三乘終教則一切有情眾生皆悉成佛,由他聖智顯本有佛
性及行性,故除其草木等。如涅槃經說。

直進及迴心(頓教):若直進及迴心二人修行滿十千劫,住堪任地者並皆
成佛。若未至此位則與一闡底迦位同,如此人等並皆不成佛,此據位語。若依
此判四句分別,準亦可知。此如瑜伽菩薩地說。

一乘:依一乘義一切眾生通依及正並皆成佛,如華嚴經說。以此義準上
四句義,即是一乘共教非別教也。〔註61〕

《華嚴五十要問答》之「十諸教修道總別義・第十地初離垢三昧說」中
「問諸教修道所有總別業時節分齊云何」

小乘:依小乘教諸菩提分總報業從發心初始次第修行,臨欲成佛十地終
心百劫別修相好業,是實非化。

始教:若依三乘始教是化非實。

終教:若依終教及直進菩薩竝從發心以來一切並修,十地終後無別百劫
修相好業。

〔註60〕《大正藏》第45卷,第523頁。
〔註61〕參考:《大正藏》第45卷,第519頁。

直進菩薩（頓教）：若依終教及直進菩薩並從發心以來一切並修，十地終後無別百劫修相好業。

一乘：依一乘教分與終教相同，既十信已來即成佛即成菩薩。行亦無別時修別相好業，何以故？現十地後修相好業者為回聲聞，由聲聞人偏修智分不修福分，今現別修顯彼信心無慢敬愛故也。〔註62〕

《華嚴五十要問答》之「二十六諸經部類差別義‧序分品集眾文釋」中問「諸經部類差別云何。」智儼把一些重要佛經分判屬小乘教、三乘教、三乘終教、三乘始教、直進菩薩和一乘教。如下：

> 如《四阿含經》局小乘教，正法念經舉正解行別邪解行通三乘教。《涅槃經》等及《大品經》三乘終教，為根熟聲聞說故。《金剛》《般若》是三乘始教，初會愚法聲聞故義意在文。《維摩》《思益》《仁王》《勝天王》《迦葉》《佛藏》等為直進菩薩說，仍直進有二種：一大乘中直進，二小乘中直進菩薩。此二處直進教亦有同異，準攝可知。《華嚴》一部是一乘不共教，餘經是共教。一乘三乘小乘共依故，又華嚴是主，餘經是眷屬。以此準之諸部教相義亦可解，如《法華經》宗義是一乘經也。三乘在三界內成其行故，一乘三界外，與三界為見聞故。餘義準可知。〔註63〕

《華嚴五十要問答》中大部分將「頓教」說成是「為直進菩薩說」，《阿含經》屬小乘教，《正法念經》通三乘教，《涅槃經》和《大品般若經》屬三乘終教，《金剛般若經》屬三乘始教，《維摩經》《思益經》《勝天王經》《迦葉經》、《佛藏經》等為向直進菩薩所說，屬頓教。《華嚴經》是一乘經，《華嚴經》屬於「一乘不共教」，餘經是共教。因為它們為「一乘、三乘、小乘共依故」，《華嚴》是眾經之「主」，餘經是「眷屬」。

智儼大師在《孔目章》開篇「初會十門」簡釋一經之義後，便從「天王贊佛說偈」來「顯教分齊義」，明確的提出了「依教有五位」的說法，其差別不同內容如下：

> 依教有五位差別不同。一依小乘，有名之教詮有名之義，此在分別遍計位中。二有名之教詮有名之義，有名之教詮無名之義。此當迴心，初教位中義，當即名義即空教也。三有名之教目有名之義，

〔註62〕參考：《大正藏》第 45 卷，第 520 頁。
〔註63〕《大正藏》第 45 卷，第 523 頁。

有名之教目無名之義，無名之教目無名之義，此當熟教位中即性實
成有之義，非是所謂有也。四無名之教顯無名之義，義當在頓教位
中，一實三昧說也。五有名之教說有名之義，無名之教顯無名之義，
當在圓教位中見聞處說。有名之教顯有名之義，有名之教顯無名之
義，無名之教顯無名之義，此約圓教處說。為攝義無盡故，分齊通
聲聞及凡夫世間所知真實法也。該通三乘小乘文義，及圓教中比證
分齊。下一部經，所有文義，並約此準。〔註64〕

一小乘：有名之教詮有名之義，此在分別遍計位中。

二初教：有名之教詮有名之義，有名之教詮無名之義。此當迴心，當即
名義即空教也。

三熟教：有名之教目有名之義，有名之教目無名之義，無名之教目無名
之義。即性實成有之義，非是所謂有也。

四頓教：無名之教顯無名之義，一實三昧說也。

五圓教：有名之教說有名之義，無名之教顯無名之義，約同教。有名之教
顯有名之義，有名之教顯無名之義，無名之教顯無名之義，約別教。〔註65〕

智儼在《孔目章》之「第五會依其五教明順善法數義」章中，從「法數」
明五教分齊之不同，即五乘人所軌範，規則之不同。

2.3.4.1 小乘教

智儼法師依《維摩經》分小乘教有「厭」與「欣」兩門。首先從「厭門」
即令人生厭這方面闡釋，通過比喻而看到此身的「無常、無疆、無力、無堅，
速朽之法，不可信也。為苦為惱，眾病所集。」〔註66〕最後得出結論：是身如
聚沫、是身如泡、是身如焰、是身如芭蕉、是身如幻、是身如夢、是身如影、
是身如響、是身如浮雲、是身如電、是身無主、是身無我、是身無壽、是身無
人、是身不實、是身為空、是身無知、是身無作、是身不淨穢、是身為虛偽、
是身為災、是身如丘井、是身無定、是身如毒蛇、如怨賊、如空聚。這皆是諸
仁者共厭惡的。

其次是「欣門」，即令人產生喜悅這方面來講，眾生都欣求佛身，此佛身
即法身，這身體是精神意義。一切眾生皆有佛性，這種佛性若在隱位，即潛存

〔註64〕《大正藏》第45卷，第537頁。

〔註65〕參考：密林持松，《華嚴宗教義始末記》，《述學》第一卷第三號，第28頁。

〔註66〕《大正藏》第45卷，第555頁。

狀態為如來藏。若這如來藏顯現出來，則為法身。其最明顯的特徵是就是常住義。此法身是「從無量功德智慧生、從戒定慧解脫解脫知見生、從慈悲喜捨生、從布施持戒忍辱柔和懃行精進禪定解脫三昧多聞智慧諸波羅蜜生、從方便生、從六通生、從三明生、從三十七道品生、從止觀生、從十力四無所畏十八不共法生、從斷一切不善法集一切善法生、從真實生、從不放逸生、從如是等無量清淨法。」〔註67〕

在這裡，智儼認為此處的厭、欣兩境當人、天、梵世之教，並且把《四阿含經》內的聲聞、緣覺、列為小乘，《毘曇》、《婆沙》諸論亦是入小乘攝。雖列出「厭門」與「欣門」，其主旨是要說明此「身」是由五蘊四大，因緣和合而成，如上所說是「無常、無彊、無力、無堅，速朽之法」，此身即是「空」，以修「無我」之觀智，以斷貪等諸業，只有「佛身」即「法身」是實有常住存在的。

2.3.4.2 大乘初教

智儼法師在這裡依《維摩經》，說「法無眾生、法無有我、法無壽命、法無有人、法常寂然、法離於相、法無名字、法無有說、法無形相、法無戲論、法無我所、法無分別、法無有比、法不屬因、法同法性、法隨於如、法住實際、法無動搖、法無去來、法順空隨無相應無作、法離好醜、法無生滅、法無所歸、法過眼耳鼻舌身心、法無高下、法常住不動、法離一切諸所觀行」〔註68〕從而得出「準蘊一門界入一切諸法，並皆如此，其相即空。若無如實空，即一切法不成。何以故？由即空故，其義分齊，初教終。」〔註69〕就是說「法」其相也是「空」的，無實體可言，若不是實「空」一切法也不成，正是因為其「空」故，所以有諸義的不同，這裡破除了諸法定相之執。

2.3.4.3 大乘終教

智儼法師在這裡依《維摩經》說「菩提者，不可以身得，不可以心得」。但隨後說到「寂滅是菩提、不觀是菩提、不行是菩提、斷是菩提、離是菩提、障是菩提、不入是菩提、順是菩提、住是菩提、至是菩提、不二是菩提、等是菩提、無為是菩提、智是菩提、不會是菩提、不合是菩提、無處是菩提、假名是菩提、如化是菩提、無亂是菩提、善寂是菩提、無取是菩提、無異是菩

〔註67〕《大正藏》第45卷，第555頁。
〔註68〕參考：《大正藏》第45卷，第556頁。
〔註69〕《大正藏》第45卷，第556頁。

提、無比是菩提、微妙是菩提」〔註70〕。菩提乃斷絕世間煩惱而成就涅槃之智慧，開悟的智慧。這主要是說諸法皆空，即所謂一切萬有皆無實體的真理。然而從覺悟諸法皆空的「覺者」而言，萬有乃超越有、空之實在本身，故為諸法實相。

2.3.4.4 頓教

智儼法師亦引《維摩經》說明之，「維摩詰默然無言，文殊師利難曰：是真入不二法門。義當頓教。」〔註71〕就是說此教乃不立言句，只辨真性，不設斷惑證理之階位，為「頓修」「頓悟」之教，是直顯言語道斷、默絕萬法，空有雙泯的寂然之境。

2.3.4.5 圓教

智儼法師在這裡引《華嚴經》，而非前所引的《維摩經》。說明「圓教」，與前四教有所區別，圓教依「無盡圓通教門，即《華嚴經》第八迴向百句如相，義當略教。普賢性起當是廣義，即無盡圓通究竟宗也。所有無盡法數及餘乘數，皆一乘所目，即是一乘。由同在海印定中成故，不在定說。同教者，入一乘遠方便攝。」〔註72〕這是說圓教是究竟圓滿圓融之教，說一乘究竟之教法。此教說性海圓融，隨緣起成無盡法界，彼此無礙，相即相入，一位即一切位，一切位即一位。智儼法師在此還將「圓教」又分為「略教」、「廣教」、「別教」、「同教」。

智儼在《孔目章》之「第五會依其五教明順善法數義」這一章中，明五教分齊之不同。從所立的判教論述中，可以看出智儼對華嚴宗的判教理論已是相當精闢成熟的教判理論了。

智儼在《孔目章》之「第八迴向真如章」中，約「真如」明判教分齊，根據原文，現製表如下：

（1）別教門者：謂圓通理事統含無盡因陀羅及微細等，廣如下經第八迴向百句如中說。

（2）同教門者：即與三乘義同，但由智迴向故，入一乘攝。

（3）頓教門：如《維摩經》不二法門品，維摩直默以顯玄意者是，此如絕於教義相想不及，廣如大般若經那伽室利分說。

〔註70〕參考：《大正藏》第 45 卷，第 556 頁。
〔註71〕《大正藏》第 45 卷，第 556 頁。
〔註72〕《大正藏》第 45 卷，第 556 頁。

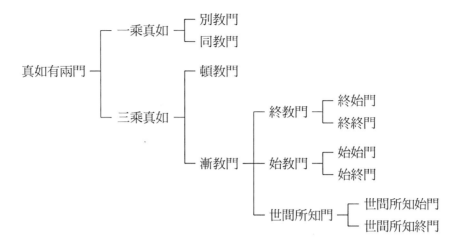

（4）終始門者：即維摩經中不二法門品，三十二菩薩顯不二法門者是。

（5）終終門者：即不二法門品，文殊所顯不二者是。

（6）始始門者：如百法明門論六種無為屬一切法攝，人法二空。方入空攝得知，真如不及二空。二空為上，此門亦通分別無分別教義。

（7）始終門者：如《維摩經》弟子品內，為迦栴延說不生不滅是無常義等。又《金剛》《般若》經，微塵即非微塵等。又依對法論，開六無為成八無為。三種真如，即屬無為攝得知，真如成無為。

（8）世間所知始門者：即人天正善根，及愚法聲聞緣覺等，入真實性攝。故中邊分別論云：世間所知真實，入真實性攝。準此論文，世間唯除虛誑妄語等，餘併入真實，由許是菩提遠方便故。

（9）世間所知終門者：故論釋云：謂一切法但有名，謂分別名思惟名，得知不同遠方便法。此義唯局二種十名中，為是大乘近方便故。言真如者，自體堅固，不可破壞。觸物皆順，不相違故。亦無相可取，由真如故。乃至流在十名理不可壞故，同是真如，餘義準可知。〔註73〕

真如本指遍布於宇宙中真實之本體，一切萬有之根源。諸法之體性離虛妄而真實，故云真，常住而不變不改，故云如。又作如如、如實、法界、法性、實際、實相、如來藏、法身、佛性、自性清淨身、一心、不思議界。智儼法師依據性起說而主張「本體即現象」，即真如本為萬法，萬法本為真如之意。將真如分為一乘真如與三乘真如；前者復分為別教真如、同教真如，後者復分為頓教真如、漸教真如；漸教真如又分為終教門、始教門、世間所知門。終教

〔註73〕參考：《大正藏》第 45 卷，第 558～559 頁。

門又分為終始門、終終門；始教門又分始始門、始終門；世間所知門又分世間所知始門、世間所知終門。如上圖所示。智儼在這裡主要是判為四教即別教真如、同教真如、頓教真如、漸教真如，主要宗旨是給《華嚴經》定位，即是屬於「一乘別教」，在智儼的判教體系中具有一席之地。

智儼在《孔目章》之「明法品初立五停心觀章」中以「五觀」明五教分齊，如下：

> 五觀者，一不淨觀、二慈心觀、三緣起觀、四安般念觀、五界分別觀，多貪者修不淨觀，多瞋者修慈心觀，多癡者修緣起觀，多覺觀者修安般念觀，我見多者修界分別方便觀。〔註74〕

（1）小乘：此觀名共小乘義，與大乘別。

（2）大乘初教：依大乘初教，有二種用。此觀門，若煩惱現行增重，即依小乘觀行，伏貪欲等。若惑現行中下，即依五法，成即空觀。何以故。大乘初教，據益為義故。量益臨時成用，不定一觀相也。更有異觀，對其別機，如經下釋。

（3）終教：若約終教，一切皆如。

（4）圓教：若約一乘，如上所說，是圓教所目。

（5）一乘：及向一乘，即是一乘方便，屬一乘攝。〔註75〕

智儼法師在這裡分判五教為「小乘」、「大乘初教」、「終教」、「圓教」、「一乘」，這與前所提及的「小乘」、「大乘初教」「大乘終教」、「頓教」、「圓教」這五教有所不同，但大義相同，智儼法師一直將《華嚴經》判為「圓頓」所攝，所以說在智儼法師這裡「圓教」或「頓教」皆指《華嚴經》。

智儼在《孔目章》之「眾人問文殊處明入佛境界章」中以「佛境界有其因果」列出五教之分齊，如下：

（1）小乘：若小乘義。得因非得果，得果則捨因。

（2）初教：初教得果已捨因，而果不離因，亦復不則。因非斷亦非常，何以故？因果則空故。

（3）終教：若終教時則是真如，無有差別。

（4）頓教：若據頓教，舉心皆當理。

（5）一乘：若據一乘，一則一切，一切則一，乃至教義皆應因陀羅及微

〔註74〕《大正藏》第45卷，第552頁。
〔註75〕參考：《大正藏》第45卷，第552頁。

細等也。〔註76〕

　　這裡所立「五教」與上所說「五教」名目又有所區別，但從內容上講並無二義。智儼在《孔目章》中多數以此「五教」分判文義，並在相關章後面分別列舉「五教」內容進行對比，主旨是以突顯華嚴一乘圓教的殊勝地位。

　　智儼在《孔目章》中，同時還多次「運用了類似於人天、小、初（始）、熟（終）、頓、圓的五（或六）教的架構。」〔註77〕如下：

　　　　今約下經，約五乘之義。有其三種：一人天共一，二聲聞緣覺共為第二，三始終漸教共為第三，四頓教獨一，五一乘獨一，總為五乘。第二者，人為一，天為一，聲聞為一，緣覺為一，大乘為一。第三者，天一梵一聲聞一緣覺一如來一。會彼五乘。〔註78〕

　　　　言五乘者：人天等為一，謂人天乘。聲聞緣覺共為一，謂為小乘。漸教所為為一，謂漸悟乘。頓教所為為一，謂頓悟乘。一乘為一，謂究竟乘。〔註79〕

　　《孔目章》中還有若干處提及，暫不一一舉出，這裡比較特別的就是提出「人天乘」，在《丁福保佛學大詞典》中對「人天教」定義為「圭峰所立，五教之一」，由以上引文可知「人天乘」在二祖智儼法師時已經確立，並且判為「五乘」之一。人天乘乃指世間教而言，即不說宗教解脫，而提倡受持五戒得生為人，與奉行十善能生天界之世俗宗教。係導入佛乘之方便教說。智儼法師在《孔目章》之「第八迴向真如章」中，將「漸教門」所分的「世間所知門」亦是指「人天教」。智儼法師在多處亦提及「人天教」，並且列為「五乘」之一。可見「人天教」在智儼法師這裡得到認可並受到重視，但是在一般的判教體系中很少提及「人天教」。我們可以通過智儼的「人天教」說更好的瞭解「人天教」在判教意義下所蘊涵的豐富含義，對我們理解佛教判教的意義及「人天教」的內容提供了重要的參考價值。

　　在智儼的著作中還提到其他判教說，但智儼著墨較少，所以本文也未加分析。智儼的判教說中，應屬「五教」判對華嚴宗的影響最大。華嚴宗的判教以「五教十宗」為準，而「五教」判是智儼所創。智儼的「五教」判的思想根源

〔註76〕參考：《大正藏》第 45 卷，第 548 頁。
〔註77〕李治華，《智儼的人天教》，《佛學論文集十四之二》，第 2 頁。
〔註78〕《大正藏》第 45 卷，第 537 頁。
〔註79〕《大正藏》第 45 卷，第 560 頁。

由本章的第二節內容可知，一是來自地論師慧光判教說，即漸說、頓說、圓說的三教，於漸說中分三乘，因而也是五分。一是來自《攝論》，梁譯《攝論》卷八中，即分為：小乘、大乘、一乘。把大乘又稱為為不定乘，有從聲聞來，有從緣覺來，有從菩薩來，共有三乘，合起來一共是五乘。智儼的五教之判也受到杜順之《五教止觀》中五種觀法的影響，即一法有我無門（小乘）；二生即無生門（大乘始教）；三事理圓融門（大乘終教）；四語觀雙絕門（大乘頓教）；五華嚴三昧門（大乘圓教）。「此為杜順述佛教實際修行、自淺入深、由小向大之次第；智儼受之。」〔註80〕據《華嚴經傳記》載「儼所撰義疏，解諸經論，凡二十餘部，皆簡略章句，剖曜新奇。」〔註81〕可見智儼的著作有二十多部，而流傳下來的可謂是少之又少，大半佚失，或許五教判定義在某部作品中應該出現過，可惜已經佚失。

小結

總之，智儼大師的判教學說可說是在前人判教學說的基礎上，有所融合有所創新。儘管智儼提出了不同的判教說，但都是將《華嚴經》放於首要位置，以顯示本經《華嚴經》在諸佛典中的殊勝地位。並且突出強調《華嚴經》中「一乘別教」「無盡緣起」的理念。智儼大師在《華嚴一乘十玄門》開篇即說：「明一乘緣起、自體法界義者，不同大乘二乘緣起，但能離執常斷諸過等。此宗不爾，一即一切，無過不離，無法不同也。今且就此華嚴一部經宗，通明法界緣起」。〔註82〕「智儼法師的華嚴『別教一乘無盡緣起』義到此算是到了極致。這也是智儼法師判教理念的終極歸處。」〔註83〕正如著名學者呂澂所說，華嚴宗的學說始終是圍繞著「別教一乘」和「無盡緣起」兩個中心思想而開展變化的。〔註84〕「別教一乘」就是華嚴宗的判教之所在，突顯華嚴經是「別教一乘」，是不可比擬替代，是最圓滿終極的佛陀教育經典。在中國佛教中，真正構成一個嚴格的判教系統，以總持當時一切傳入的佛典的，是天台與

〔註80〕蔣維喬撰，《中國佛教史》，南京：上海古籍出版社，2006 年 10 月第二次印刷，第 151 頁。

〔註81〕《大正藏》第 45 卷，第 164 頁。

〔註82〕《大正藏》第 45 卷，第 514 頁。

〔註83〕覺深，《華嚴二祖智儼法師》，網上提供資料。

〔註84〕參考：呂澂，《中國佛學源流略講》，北京：中華書局，2006 年 4 月第八次印刷，第 195 頁。

華嚴兩教派。這兩家的說法比較特殊，其影響後世也最大。「華嚴宗之為中國佛學之大成，一表現於其判教，一表現與其言法界觀。」〔註85〕智儼法師依承慧光法師的說法立漸、頓、圓三教說，而且在其著作中給予了重新的解讀。在《華嚴五十要問答》中智儼法師大部分又都是從一乘教、三乘教、小乘教三個方面進行論述，所表現出來的諸教差別即是此三教差別，而一乘、三乘、小乘三種乘的分判說源出於《攝大乘論釋》。而「五教」判說為智儼法師最先提出，儘管智儼法師著作中「五教」在名目上有所區別，但其內容實質上是一樣的。智儼法師提出的「五教」判說對華嚴宗判教體系產生了重要的影響，華嚴宗「五教十宗」的判教體系就是依此基本架構而成立。

〔註85〕唐君毅，《華嚴宗之判教論》，《現代佛教學術業刊》，華嚴宗之教判及其發展，第 39 頁。

第3章　智儼的六相思想

六相原出於晉譯《華嚴經・十地品》初地十大願之第四願之文，世親撰《十地經論》開闡之，認為「一切所說十句中，皆有六種差別門」，慧遠予以解釋說明，在此已初具規模，為其後的華嚴宗師發明六相圓融奠定了堅實的思想基礎，依慧遠之解釋方得大成，在慧遠看來，「六相」乃是「大乘之淵綱，圓通之妙門」，華嚴二祖智儼發揮其旨。六相圓融是華嚴宗思想義理中一個非常重要的理論，也是華嚴宗思想特色之一。在華嚴祖師中，智儼最早提出了六相圓融的說法，成為華嚴宗中這一重要義理的開創者。智儼在青年之時廣學多方，在讀到慧光大師的《華嚴經》注疏時對「華嚴別教一乘無盡緣起」義旨而有所領會，其後又遇到一異僧，受異僧的開示，深入理會《十地經論》所示之「六相義」。智儼法師悟得「六相」之深義遂「立教分宗，制此經疏」，即著成《華嚴經搜玄記》（又稱《華嚴經略疏》），「六相」思想在智儼法師華嚴思想中佔用極其重要地位。智儼法師也曾就「六相」思想專門著有《六相章》一書，這本書應該是對「六相」思想之義理做了一個明確清晰的闡釋。遺憾的是這一著作現已不存在。我們無從去深入考察和領會智儼在這本書中所闡釋的「六相」思想義理的奧妙，這本書在《新編諸宗教藏總錄》中有記載，《新編諸宗教藏總錄》為高麗義天法師所著，〔註1〕可見在宋時《六相章》一書還保

〔註 1〕義天法師（1055～1101）又稱大覺禪師。高麗文宗王的第四王子，俗姓王，名煦。為朝鮮僧界之統制官。11 歲於靈通寺出家，初學華嚴，旁通五教，精研儒學。凤懷入宋之願，於宣宗二年（1085）與弟子共乘商船渡海來宋，上表請傳華嚴教義，甚受神宗之禮遇。先後參訪佛印了元、慧林宗本、淨源、慈辯、大覺懷璉、佛日契嵩等五十餘碩德，廣學華嚴、天台、律、禪等。唐末戰亂後，師將佛書從朝鮮反輸至中國。三年後，攜帶釋典經書千餘卷歸國，開創國清

存完好。

智儼在其著作《華嚴經搜玄記》卷三、《華嚴經五十要問答》卷上、《華嚴經內章門等雜孔目章》卷三中，對於六相義有許多闡釋和發揮，雖然字數並不多，但是「六相」思想義理已貫穿於其中。二祖智儼是承繼前人而發揮「六相」之旨，這一思想也為華嚴三祖法藏所繼承，對後來的華嚴學者起著指導性的作用。至此，六相圓融義在華嚴家扎下根，並且在這裡開出一朵絢麗思想之花。

3.1 六相的提出

從源頭看，六相的名目出於晉譯《華嚴經・十地品》初地歡喜地的菩薩十大願中的第四大願。「十地品」為《華嚴經》的中心部分，在印度係以《十地經》的名稱單行。由於《十地品》集中論述菩薩行，並且具有概況全部佛教修行實踐的性質，使其成為最受關注的華嚴類經典，在印度佛教發展史上和中國佛教發展史上，具有非常重要的地位，也產生過重要的影響。所以歷來備受關注，有不同譯本，如下：

（1）《漸備一切智德經》，西晉竺法護，收錄於大正藏第 10 冊。

（2）《十住經》，姚秦鳩摩羅什，收錄於大正藏第 10 冊。

（3）《大方廣佛華嚴經・十地品》（六十卷），東晉佛陀跋陀羅，收錄於大正藏第 9 冊。

（4）《十地經論》，世親著，北魏菩提流支等，收錄於大正藏第 26 冊。

（5）《大方廣佛華嚴經・十地品》（八十卷），唐實叉難陀譯，收錄於大正藏第 10 冊。

（6）《佛說十地經》，唐尸羅達磨，收錄於大正藏第 10 冊。

從上面列出的諸譯本可以看出西晉竺法護所翻譯《漸備一切智德經》是《十地品》最早的譯本，但是在西晉竺法護所翻譯《漸備一切智德經》的相應段落中並沒有看到六相的名目，只能看到這樣的詞組「有相無相，合會別離有為無為」，原文如下：

> 乃至菩薩一切諸行，弘普無窮，無量無數，攝取一切諸度無極，

寺，廣為宣揚華嚴、天台之旨。編撰新編諸宗教藏總錄（又稱義天目錄）三卷，肅宗六年十月示寂於總持寺，世壽四十七，法臘三十六。義天圓寂時雖僅 47 歲，但弟子近千人。

住清淨道。校計眾會品類音響有相無相，合會別離有為無為，為諸
菩薩一切師首。道住真妙，所演章句，諸度無極，所當宣行。勤修
正行，而無所生，近成發心，以能具足此諸法已。〔註2〕

在姚秦鳩摩羅什所譯的《十住經》中，也沒有完整的六相的表述，但是提
到了「有相無相道，有成有壞」，相應的段落如下：

又一切諸菩薩所行，廣大高遠，無量不可壞，無有分別，諸波羅
蜜所攝，諸地所淨。生諸助道法，有相無相道，有成有壞。一切菩薩
所行諸地道，及諸波羅蜜本行，教化令其受行，心得增長。〔註3〕

菩提流支所譯《十地經論》卷三的相應經文為：

所謂一切菩薩所行，廣大無量，不離諸波羅蜜所攝，諸地所淨
生諸助道，總相、別相、同相、異相、成相、壞相。說一切菩薩所
行如實地道，及諸波羅蜜方便業，教化一切，令其受行，心得增長
故。〔註4〕

自從菩提流支等學者於北魏宣武帝永平元年（梁武帝天監七年，508）將
《十地經論》譯出之後，學者的研習及弘傳逐漸興盛，後世因而稱為「地論
宗」，將弘揚此宗思想的學者，稱為「地論師」。在菩提流支所譯《十地經論》
當中所說的六相的名目與現在華嚴宗師所講的六相名目則完全一致，可見地
論師對後來華嚴宗師有很大的影響。

唐實叉難陀所翻譯八十卷《華嚴經》卷三十四中相應的段落翻譯如下：

願一切菩薩行廣大無量，不壞不雜，攝諸波羅蜜，淨治諸地，
總相、別相、同相、異相、成相、壞相，所有菩薩行皆如實說，教化
一切，令其受行，心得增長；〔註5〕

唐尸羅達摩所翻譯的《佛說十地經》的相應段落如下：

為欲引發諸菩薩行，廣大無量及無分別波羅蜜多之所攝受。淨
治諸地，總相、別相、同相、異相、成相、壞相。諸菩薩行如實無
倒，顯示菩薩智地之道。悉能瑩飾諸到彼岸，授與教授教誡所持資
助發心。〔註6〕

〔註2〕《大正藏》第 10 冊，第 462 頁。
〔註3〕《大正藏》第 10 冊，第 501 頁。
〔註4〕《大正藏》第 26 冊，第 139 頁。
〔註5〕《大正藏》第 10 冊，第 181 頁。
〔註6〕《大正藏》第 10 冊，第 538～539 頁。

雖說六相的名目從源頭講出於晉譯《華嚴經・十地品》，但是在東晉佛陀跋陀羅譯的《華嚴經》卷二十三《十地品》的初地經文曰：

> 又一切菩薩所行，廣大無量，不可壞，無分別諸波羅蜜所攝，諸地所淨生諸助道法，總相、別相、有相、無相、有成、有壞。一切菩薩所行諸地道，及諸波羅蜜本行，教化一切，令其受行，心得增長。〔註7〕

從中可以看出，「總相、別相、有相、無相、有成、有壞」六個條目，只有前四以「相」做後綴，後二者並沒有冠以相的名稱。並且同後來華嚴宗中通行的六相說也有所不同，這裡只是有了最早的六個概念框架。

通過對以上《十地品》的不同譯本中原文比照可以看出，六相的名目雖源於東晉佛陀跋陀羅譯的《華嚴經・十地品》但是此「六相」與彼「六相」並不完全相同。東晉佛陀跋陀羅譯的《華嚴經・十地品》中所說的六相為「總相、別相、有相、無相、有成、有壞」，華嚴宗師通常所說的六相是「總相、別相、同相、異相、成相、壞相」。華嚴宗師所言之的六相名目是沿用菩提流支所譯的《十地經論》中的譯語。華嚴宗師及後來的譯經師普便所採用的都是菩提流支的《十地經論》中所譯出之名目。

3.2 地論師之六相義

3.2.1 世親之六相義

世親撰《十地經論》開闡六相之義，《十地品（經）》中只是提出了有六相的名目，並未予以解釋說明，這樣便給後人留下了思考想像的餘地，後來人根據自己對《十地經》內容的理解，對六相所蘊含的意義加以解釋和發揮。有金剛軍、堅慧、世親等論師的釋論。現行漢譯本即世親釋，即《十地論》，亦稱《地論》，詳稱《十地經論》，菩提流支等人於北魏宣武帝永平元年（梁武帝天監七年，公元 508 年）將此論譯出。《十地經論》一書的影響頗為廣泛，世親這部釋論不僅使經文的義理得以綱舉目張，而且從經文中發掘出許多新義成為後來大乘教義發展的張本。本論釋經，綱舉目張，要言不煩，對後來注釋經典的體裁亦頗有影響。《十地經》翻譯過多次，因而很早就有人研究。其中世親對《十地經》的解釋，是最有權威的。「論中講述的義理，確也有特殊

〔註7〕《大正藏》第 9 冊，第 454 頁。

之處，上既與《般若》相貫，下又為瑜伽開宗。這一特點是非常鮮明的。」
〔註8〕當流支將此論譯出以後，引起了當時佛學界普遍的重視，競相傳習，逐漸形成為一類師說，此即所謂「地論師」。

世親在注解《十地經》中「六相」這一段落時如此說到：

> 第四大願心得增長者，以何等行令心增長？一切菩薩所行教化
> 一切令其受行心得增長故。彼菩薩行有四種：一種種、二體、三業、
> 四方便，以此四種教化令其受行。何者是菩薩行？種種世間行有三
> 種：廣者從初地乃至六地，大者七地；無量者從八地乃至十地；不
> 雜者法無我平等觀出世間智故；如經一切菩薩所行廣大無量不雜
> 故。體者如經，諸波羅蜜所攝故。業者如經，諸地所淨生諸助道法
> 故。方便者如經，總相、別相、同相、異相、成相、壞相故。說一切
> 菩薩所行如實地道及諸波羅蜜方便業故。〔註9〕

可以看出，世親在注解六相名目出處的這一段落時只是把六相的名目羅
列一下，並沒有採取給概念下定義的方法講「六相」而是在將其運用於分析
十句排比的句式時集中論述。如在《十地經論》初歡喜地第一之一中提到「六
相」，如下：

> 一切所說十句中，皆有六種差別相門。此言說解釋，應知除事。
> 事者，謂陰界入等。六種相者，謂總相、別相、同相、異相、成相、
> 壞相。總者是根本入，別相者餘九入，別依止本滿彼本故。同相者
> 入故，異相者增相故，成相者略說故，壞相者廣說故，如世界成壞。
> 餘一切十句中，隨義類知。〔註10〕

《十地品》中所用的六相是對於一切菩薩行所作的說明，而世親則將其
作為可以普遍使用的詮釋十句的範疇與方法。其實《十地經論》中的這一段文
字是在注釋的下面這一段經文：

> 又一切菩薩，不可思議諸佛法，明說令入智慧地故。攝一切善
> 根故，善分別選擇一切佛法故，廣知諸法故，善決定說諸法故，無
> 分別智清淨不雜故，一切魔法不能染故，出世間法善根清淨故，得
> 不可思議智境界故，乃至得一切智人智境界故。〔註11〕

〔註8〕 呂澂，《中國佛學源流略講》，北京：中華書局，2006 年第 8 次印刷，第 139 頁。
〔註9〕 《大正藏》第 26 冊，第 139 頁。
〔註10〕 《大正藏》第 26 冊，第 124 頁。
〔註11〕 《大正藏》第 26 冊，第 124 頁。

在《十地經》或《華嚴經》其他品中，經文常常會用十句來進行表達一切義，世親認為，一切所說的「十句」中，皆有「六相」，而舉出發凡的實例。經文開頭解釋由通達佛法而入佛智的一段，先有十句說明。第一句當於總相，其餘九句為別相；又第一句是同相，其餘是異相；又第一句為成相，其餘為壞相（實為廣相或開相）。由此類推，經中所有十句都可用六相去解釋。世親在《十地經論》中也多次應用六相的思想來解釋經文，如下：

> 如經諸佛子，此菩薩十地是過去未來現在諸佛已說今說當說故。於中善決定者是總相，餘者是別相。同相者善決定，異相者別相故。成相者是略說，壞相者廣說故，如世界成壞。〔註12〕

> 偈言：迭共相瞻住，一切咸恭敬。如蜂欲熟蜜，如渴思甘露。迭共相瞻者，示無雜染心故。咸恭敬者，示敬重法，非妒心故。下半偈喻敬法轉深，此偈迭共相瞻是總相，一切咸恭敬是別相。如是餘偈初句總相，餘句別相，同異成壞如上所說。〔註13〕

> 作加者是總相。加有二種。一具身加。依法身故。二具果加。證佛果故。天人上者亦總亦別。餘者唯別。〔註14〕

縱觀《十地經論》，提及六相名目的就是上面幾段文字，看出世親雖然闡釋的也並不多，但是，「六相」已經成為世親貫之全文詮釋《十地經》一種範疇與方法。

3.2.2 慧遠之六相義

六相圓融義雖係依據世親《十地經論》而立，然亦依據隋代淨影寺慧遠（公元532～公元592）之解釋，方得大成。淨影寺慧遠著書《十地經論義記》十四卷（現僅存八卷），對地論一派教理有很大影響。淨影寺慧遠在中國有「釋家龍象」之稱，其道德學問風靡一世，是慧光門下傑出之士，講《法華》、《涅槃》、弘揚地論、攝論，並為《維摩》、《勝鬘》作疏，更是為《華嚴》、《起信》、《無量壽經》、《溫室經》等諸經論注疏。但其教學，兼依《攝論》、《涅槃經》、及《起信論》的思想甚多，著有《華嚴經疏》七卷。慧遠是隋朝的地論師的傑出領袖，慧遠之教判與教理對華嚴宗之影響深且大，可說是為華嚴宗開

〔註12〕《大正藏》第 26 冊，第 127 頁。
〔註13〕《大正藏》第 26 冊，第 128 頁。
〔註14〕《大正藏》第 26 冊，第 131 頁。

宗打下了一定理論基礎。華嚴宗重視因果二分、教正二道、六相圓融等法門，為其根本教義，這些都是從慧遠的著作思想中所演出，以後的華嚴宗師是承之加以改良，所以有「華嚴宗為參酌遠公之地論宗義而擴充演進者」〔註 15〕一說，可見慧遠之於華嚴宗的影響深且遠。

下面我們看一下慧遠是如何論述六相思想的，淨影慧遠在《十地經論義記》卷一（末）中解釋了六相之義，又在《大乘義章》卷三中設立，「六種相門義」一章，對六相義作了詳細闡釋和說明。這對以後的華嚴宗師有很大的啟發，淨影慧遠在《大乘義章·六種相門義》說：

> 六種相者，出華嚴經十地品也。諸法體狀，謂之為相。門別名門，此門所辨，異於餘門，故曰門別。如經中說，不二法門有盡解脫門等。若對行心，能通趣入，故曰門也。門別不同，故有六種：所謂總、別、同、異、成、壞，此六乃是諸法體義。體義虛通，旨無不在。義雖遍在，事隔無之。是以論言，一切十句，皆有六相。除事，事謂陰界入等。陰界入等，彼此相望，事別隔礙，不具斯六，所以除之。若攝事相以從體義，陰界入等一一之中，皆具無量六相門也。〔註 16〕

在這裡，此一門不同於其他門，故說成「門別」，「若對行心，能通趣入，故曰門也。」在這裡「門」是指門徑，做事情的方法、關鍵，如上所說「能通趣入，故曰門也」。此門有六種，即總、別、同、異、成、壞。慧遠認為，「此六乃是諸法體義」，就是說六相是從各種存在的「體」即本體或本質立論的，而非從現象的層面立論。諸法本體為一，故而萬物相通。而從萬物角度看，則事事不同，物物隔別。比如就陰界入三者說，有種種分別和不同，屬於事象，因此就不具有六相義。但是如果從本體的角度來把握陰界入，那三者就都具有了六相了。慧遠在下文就舉色陰為例說明六相具體涵義：

> 今且就一色陰之中，辨其六相，餘類可知。如一色陰，同體具有恆沙佛法，謂苦、無常、不淨、虛假、空、無我等一切佛法。是等諸法，義別體同，互相緣集，攝彼同體一切佛法，以成一色，色名為總。就此總中，開出無量恆沙佛法，色隨彼法，則有無量。所謂

〔註 15〕龜谷聖馨、河野法雲，《中國華嚴宗發達史》，《現代佛教學術叢刊》，華嚴宗之教判及其發展，第 321 頁。

〔註 16〕《大正藏》第 44 冊，第 524 頁。

苦色、無常色、不淨色、名用色、空無我色、乃至真實緣起之色。
如是無量差別之色、是名為別。就彼別中，苦無常等諸法之上，皆
有色義，名之為同。色義雖同，然彼色苦，異色無常異。如是一切，
各各不同，是名為異。就彼異中，義門雖殊，其體不別。體不別故，
諸義雖眾，不得相離。不相離故，隨之辨色，得攝為一，是故名成，
成猶略也。體雖不別，義門恒異。義門異故，一色隨之，得為多色，
目之為壞，壞猶廣也。據實論之，說前四門，辨義應足，為約同異
成前二門故有六也。色義如是。〔註17〕

色陰，又譯色蘊，陰、蘊有積聚、類別之意，「諸所有色，若過去，若未
來，若現在，若內若外，若粗若細，若劣若勝，若遠若近，如是一切略為一聚，
說名色蘊。」慧遠在這裡以色陰為例，在這一色陰中，具有眾多佛法，謂苦、
無常、不淨、虛假、空、無我等一切佛法，此等諸法，雖義不同但體同，即擁
有同一個體——佛法，如是等一切佛法，以成一色，色名為總，是為總相，就
此總中，開出無量眾多佛法，如苦色、無常色、不淨色、名用色、空無我色、
乃至真實緣起之色。如是種種差別之色。是為別相。此別中苦、無常等諸法
之上，皆有色義。有共同特性，所以名之為同相。色義雖同。然彼色苦於無
常。如是一切，各各不同，是為異相。就彼異中。義門雖殊。其體不殊，其體
不別故，諸義雖眾，但不得相離，由於色之體的同一，諸緣得以攝為一體。
這就叫成相。體雖不別，義門恒異，義門不同故，一色隨之，得為多色。慧
遠將壞相解釋為多色的形成聚合，相對於一色而言，由一到多色的轉變就是
壞相。

從慧遠的這段論述可以看出，六相圓融之義在這裡已初見端倪，慧遠法師
不只舉「色陰」一例說明六相之義，隨後又就「色無常」以辨六相，如下：

今更就彼色無常中，以辨六相，餘類可知。總攝諸義，以為無
常，是名為總。就此總中，開出無量恒沙佛法，無常隨彼，則有無
量，謂色無常、苦無常、不淨無常、空無常、無我無常、乃至真實
緣起無常。有如是等無量差別，是名為別。就彼別中色苦等，上皆
有無常，是名為異。無常雖同，而色苦等各各不同，是名為異。就
此異中，義門雖殊，體性不別。性不別，故義門雖眾，不得相離。
不相離故，隨諸義門，所辨無常，得攝為一，是名為成。體雖不別，

義門恒異。義門異故，無常隨之得為眾多，是名為壞。〔註18〕

　　慧遠在這裡以「色無常」來說明六相，所有物質性的東西，對於那些具有形相、被生成的、變化的物質現象而言，都是無常的。這些都是因緣和合而成，其存在性受因緣決定，因而不能決定自己的存在的自性、常住性。現象皆具有流變無定的本質，這即是「總」。在無量多佛法皆存在「無常」之義，有色無常、苦無常、不淨無常、空無常、無我無常、乃至真實緣起無常。這些「無常」又相互區別，各各不同，此即是「別」。然就這些相互區別的色無常、苦無常、不淨無常、空無常、無我無常等「無常」中，又皆是一大類。同屬於「無常」。「無常」雖同，其內容上卻有差別。只是根本上沒有分別，所以說內容雖多，但又同屬一大類，隨其內容不同而說「無常」，是同屬一，是名為「成」。雖然根本上沒有分別，但是在「無常」內容上總有眾多不同，是名為「壞」。

　　最後慧遠說到：「如是色中無量諸義，及餘一切陰界入等，準此可知。六相之義，既通諸法，依法成行，行亦齊有。是故初地第四願中宣說：一切菩薩所行，皆有總、別、同、異等也，隨行所說，廣如地論。此六乃是大乘之淵綱，圓通之妙門，若能善會斯趣，一異等執，逍然無跡。六相之義，略辨如是。」〔註19〕

　　慧遠得出結論：一切諸法，皆有六相之義。世親所言「一切十句，皆有六相，除事，事謂陰、界、入等。」可見慧遠在這裡亦有所發揮，在慧遠看來，六相之義，既通諸法，依法成行，行亦齊有。所以經中初地第四願中宣說，一切菩薩所行，皆有總別同異等也。隨行所說，廣如地論。六相之義受到地論師慧遠的高度重視，在慧遠那裏得到了充分的解釋與發揮。在慧遠看來，六相是大乘之淵綱，圓通之妙門。若能對此「六相」的旨趣有所領悟，就不會迷惑於同一性（一）與差別性（異），不會對千差萬類的事物有所偏執，都同等對待。

　　在智儼之前，對於六相義的重視莫過於地論師的一些代表人物，世親的《十地經論》及以慧遠為代表的地論師對六相義做出了充分的解釋，並且予以發揮創造。地論師對六相思想的發揮創造為後來華嚴宗師所汲取，並最終成為該宗思想特色之一。

〔註18〕《大正藏》第 44 冊，第 524 頁。
〔註19〕《大正藏》第 44 冊，第 524 頁。

3.3 智儼論六相

3.3.1 智儼與六相思想的淵源

　　智儼對於《華嚴經》的理解受《十地經論》和地論師影響甚大。智儼撰寫的《華嚴經搜玄通智方軌》十卷（一般簡稱為《華嚴經搜玄記》）中引述了《十地經論》及地論師的不少論述。智儼曾跟隨智正學習《華嚴經》，智正著有《華嚴疏》，遺憾的是智正的著作都沒有保存下來。智正初住勝光寺，後住終南至相寺，從青彡淵，青彡淵之師為靈裕，靈裕之師為道憑，道憑之師為慧光，智正是地論第四傳人。智儼聽其講《華嚴經》，雖說過去也曾聽過，但還是感覺有一些新奇的地方，聽了一段時間後，還是未能解除疑問，遂遍覽藏經，尋眾家之注釋。後得光統律師的《華嚴經》文疏，稍開殊軫，而有所悟，對「別教一乘無盡緣起」，欣然賞會，粗知眉目。慧光是地論宗南道派的開創者，〔註20〕除精研《華嚴經》之《十地品》外，對華嚴整部經典之旨趣亦廣作理解，慧光將華嚴經之詮釋，判為因果理實，成為華嚴宗法藏之因果緣起、理實法界說之基礎；又慧遠闡釋華嚴經要義，所說之因果二分、教證二道、六相圓融等，亦多被後來華嚴宗師所修正採用，故有謂「南道地論一轉而為華嚴宗開創之先鋒」，僅係擴大地論宗對華嚴經之研究而已。不可否認，智儼法師是讀光統律師的《華嚴經》文疏，而有所悟，對《華嚴經》「別教一乘無盡緣起」的旨趣欣然賞會，粗知眉目。相信智儼法師對地論一系的著作也有所研究，特別是始說「六相圓融」並且發揮其旨，這樣智儼必然會對在他之前的有關「六相」方面的著作有所研讀，尤其是地論師的著作，以智儼法師與地論師的淵源關係應該很容易讀到。也許正是由於智儼讀到了地論師相關「六相」的著作而有所啟發而發揮其旨趣。因為在青年之時受異僧的開示關注「六相」，勢必會到相關

〔註20〕慧光，定州長盧人，十三歲隨父到洛陽，從佛陀扇多受三歸，既而出家為沙彌，扇多授以律學。到二十歲，往本鄉受具足戒，聽受律部，隨所聞奉行。將近四年，曾開講《僧祇律》，更從僧辯學習經論。後來到洛陽，搜採新義。其時佛陀扇多任少林寺主，勒那、流支也在其時傳譯《十地經論》，慧光列席譯場，因為素來學過梵土的語言，會通雙方的諍論，後來撰《十地論疏》，發揮論文的奧旨，開地論宗南道派。他注釋了許多經論，如《華嚴》、《涅槃》、《維摩》、《地持》、《勝鬘》、《遺教》等經（現存《華嚴經義記》卷一）。並著《四分律疏》，又著《玄宗論》、《大乘義律章》、《仁王七誡》及《僧制十八條》。慧光初在洛陽，任國僧都；後被召入鄴都，任為國統；因此，一般稱他為「光統律師」。

經論疏中尋找答案。

　　據法藏的著書《華嚴經傳記‧智儼傳記》中記載：

　　　　後遇異僧來，謂曰：汝欲得解一乘義者，其十地中六相之義，慎
　　勿輕也！可一兩月間，攝靜思之當自知耳。言訖忽然不現，儼驚惕良
　　久。因則陶研，不盈累朔，於焉大啟。遂立教分宗，制此經疏。〔註21〕

　　可見，智儼悟得「六相」之深義遂「立教分宗」，「立教分宗」的一個標誌
體現就是著成了《搜玄記》。如果沒有異僧的開示，智儼便不會注意到「六
相」，自然也不會悟出「六相」之深義，也許智儼就不會在非常年輕的年紀二
十七歲時著成《搜玄記》，立此教門分有華嚴宗，六相是啟發智儼並且開示智
儼的一把鑰匙，正是這把鑰匙給智儼開啟了一扇具有中國思想特色的佛教宗
門──華嚴宗的大門，可以看出「六相」思想在智儼法師華嚴思想中佔用極其
重要地位。

3.3.2 智儼對六相的解讀

　　智儼在其著書《華嚴經搜玄記》卷三、《華嚴經五十要問答》後卷、《華嚴
經內章門等雜孔目章》卷三等著述中，對於六相義多有發揮，認為華嚴法界緣
起的相貌不外乎這六方面，於是用來解釋一切緣起的現象。在智儼看來「如是
一切及上會諸文，準六相之義取之，則無不明瞭。」〔註22〕六相已成為智儼理
解《華嚴》及一切經義的一個精義要決。

　　智儼雖然在《搜玄記》和《孔目章》中提及「六相」，並把其思想貫穿文
章始終，但未對「六相」作進一步的解釋，而是在另一著作即《五十要問答》
中對「六相」做了說明，如下：

　　　　所謂總，總成因果也。二別義，別成總故。三同，自同成總故。
　　四異，諸義自異顯同故。五成，因果理事成故。六壞，諸義各住自
　　法，不移自性故。〔註23〕

　　智儼在這裡繼承了慧遠等對六相的理解，用概括性的語言，對「總」、
「別」、「同」、「異」、「成」、「壞」六相做了解釋。他認為，所謂總，就是因果
的全體。世間萬有從佛教的觀點看，不外是因果兩個方面，因此，因果的全體
就是整個世界。所謂別，就是構成因果總體的各個部分。單個的事物的因果都

〔註21〕《大正藏》第 51 冊，第 163 頁。
〔註22〕《大正藏》第 35 冊，第 42 頁。
〔註23〕《大正藏》第 45 冊，第 531 頁。

屬於別。所謂同，就是指千差萬別的因果關係在構成一個總體世界時具有了統一性。而所謂異，則指各種因果關係都有自身的獨特性，而正是因為這種獨特性，才體現了構成總體時的統一性。所謂成，指事物的因緣具足，有了結果。所謂壞，指各種因果本性都沒有改變，對於所成就的果來說，就是壞。

在智儼看來，一切緣起之法，都具有此六相，不具六相，則不能緣起。「此六相為就體、相、用論平等差別之兩義者」〔註24〕，也就是說，總相、別相為體上之平等差別，總相為平等之體，別相為差別之體。同相、異相為相上之平等差別，同相為平等之相，異相為差別之相。成相、壞相為用相上之平等差別，成相為平等之用，壞相為差別之用。如上所見，智儼在《五十要問答》之「四十三如實因緣義」這一問答中，給六相做了簡明的解釋，在這裡智儼並不是單純的論六相而對六相予以解釋說明，而是為了說明因果相成與因門六義這兩個概念引出六相，所以有必要先瞭解一下因果相成與因門六義，這樣也能更好的理解智儼所說的六相之義。

3.3.2.1 因果相成

在《五十要問答》之「四十三如實因緣義」這一問答中，智儼著重解釋因緣義，這裡所講的因緣義是最真實的因緣義，即因緣義的真實狀況真實性質，菩薩初起修行入道的方便法門就是觀如實因果。因為佛法大綱有兩種，即真、俗隨順觀世諦則入第一義故，如實觀世間法種種互為因果義。智儼首先解釋說明「因果義」，即因與果之間的關係，在這裡分兩重解釋因果義，兩重內各有三門，即「一明護分別過。二明其義。三明違之成過。」

在第一重內，智儼以燋炷與炎為例說明因果相生之義，分如上三門來解釋，都是以這一個比喻說明。在第一門裏，以七問七答來解釋說明炷與炎的關係，即：

（1）問曰：燋炷生光炎耶？答：不也，炷從炎生故。

（2）又問：炎生炷耶？答：不也，炎從炷生故。

（3）又問：炎從炷生耶？答：不也，炎能生炷故。

（4）又問：炷從炎生耶？答：不也，炷能生炎故。

（5）又問：可是不生耶？答：不也，去炷炎隨無故。

（6）又問：生不生俱耶？答：不也，相違故。

〔註24〕丁福保編，《佛學大辭典》，上海：上海書店，1991 年，第 1675 頁。

（7）又問：非生非不生耶？答：不也，違其因果如實生理故。
〔註25〕

第二門中解釋分析了上面「問」中的說法，第一問「炷生炎」這一觀點中，炷是因，炎是果，炎從炷這個因生，所以炎是無，依炷才能生炎果，所以是無；第二問「炎生其炷」說，炎是因，炷是果，炷從炎生，所以炷是無，依炎生炷果；第三問「炎果從炷因生」說，炎這個果是非有義，「無體故」即沒有自體，不能自生，炎不能獨立存在，有炷因才有炎果，所以非有，炷生光炎，炷這個因是非無義，依炷生光炎，炷是有，「為有力故」，即是說炷這個因具有生果之力用，於生果有功能，是為有力。類似的問句準此可知。

第三門，把炷炎的相生關係劃分為四種情況：

（1）炷因生果，亦可恒生炎果。

（2）炷不生，亦可恒不生炎果。

（3）亦生不生，相違故。

（4）非生非不生，戲論故。〔註26〕

若說「炷因生果，亦可恒生。」是由於常能生炎果，各種因緣條件都很好的具備了。若說「炷不生亦，可恒不生炎果。」由於炷這個因不生，故無炎這個果，沒有因就沒有果。一些因緣條件不具備的原故。如果說「炎生炷」理同上，「炎因生果，亦可恒生炷果。」「炎不生，亦可恒不生炷果。」若說「亦生不生」這就相違了不成立。若說「非生非不生」這是戲論。

第二重，即直接論證因果相生之義，不再借炷炎之喻來說明，但是還有三門之分，三門同前，第一門中把因與果分開來討論，先說「因」後論「果」，在「因」中分了四種情況，即四個問答，如下：

（1）問：因是有耶？答：不也，果因故，緣成故。

（2）又問：因是無耶？答：不也，生果故。

（3）又問：因有無俱耶？答：不也，相違故。

（4）又問：非有無耶？答：不也，現見生果法故。〔註27〕

在這裡否定了「因」是「有」、「無」、「有無俱」、「非有無」的四種情況，「因」不是「有」，因是相對于果來講的，因是果的因，有果才有因，需要一

〔註25〕《大正藏》第 45 冊，第 531 頁。
〔註26〕《大正藏》第 45 冊，第 531 頁。
〔註27〕《大正藏》第 45 冊，第 531 頁。

些條件的。「因」也不是是「無」,「因」能生果怎能是無。「因」也不是有無都具備,因為二者互相違背。「因」也不是非有無,正如我們看見因能生果。同樣「果」中也分為四種情況,即四個問答,如下:

　　　（1）問：果是有耶？答：不也,是他果無體故。

　　　（2）又問：果是無耶？答：不也,由是果故。

　　　（3）又問：亦有亦無耶？答：不也,一果故不相違故。

　　　（4）又問：非有非無耶？答：不也,現有果所生故。〔註28〕

　　在這裡同樣否定了「果」是「有」、「無」、「亦有亦無」、「非有非無」的四種情況,「果」不是「有」,是依因才有的果,是因的果,所以是他果,沒有自體自性,依因才有果。「果」也不是「無」,果就是因生的這個果。「果」也不是「亦有亦無」,就一個果怎能亦有亦無,互相違背。「果」也不是「是非有非無」,因為已經看到有果所生。

　　第二門中解釋分析了上面所說的「因」中的四種情況,說「因」是有,是由於能生故。說「因」是無,是說因是果的因,有果才有因,需要一些條件。說「因」是亦有亦無,是說這個就是因。說「因」是非有非無,是說只取一義不可得。「果」中的四種情況準前可知。第三門中,就是說明如果執著「因生果」與「因不生果」都是有過失的,都有「常」和「斷」這樣兩種過失,首先說「因生果」的過失就是「若生者亦可恒生,亦可恒不生」,「因生果」的「恒生」的過失即陷入「常」,「因生果」的「恒不生」的過失即陷入「斷」。其次說「因不生果」的何失亦有二種過失,即「常」和「斷」,若炷因不生,即光炎無因故,陷入「常」。又若炷不生,既炎無自生,因復不生不可得有故,陷入「斷」。其他「亦生不生非生非不生」準此可思之。餘義準此可知。在智儼看來,因與果的關係並不是一般所理解的因果關係,即是像時間一樣單向的或如鐘錶指針一樣順時序的因果關係。智儼所講的不是這樣,而是變向的,或互向的因果關係;在這種因果關係中,時間意義已被超化。至於這種變向的因果關係受了中觀的影響。中觀以緣生說空,目的在於消解法體(自性),以顯示當前的存在是一被約制或被決定的存在。但由此類推下去,便似乎可得出一能約制或能決定的「他法」的存在,而此「他法」在面對其他能約制他的存在時,又變成了一個被約制者。所以自他之間,是互相約制的,能互相徹入,亦即顯示在存在上自他之間不能互相封閉,而必須互相開合。

〔註28〕《大正藏》第45冊,第531頁。

3.3.2.2　因門六義

因門六義是華嚴宗的重要義理，此說最早為智儼所倡。「因門六義」所依之論是世親所著《十地經論》卷八所舉之四種深觀，世親的概括如下：

> 深觀者有四種：一者有分非他作自因生故；二者非自作緣生故，如經無明因緣行生因緣能生行餘亦如是，無明滅行滅行無餘亦如是故；三者非二作但隨順生故，無知者故，作時不住故。如經無明因緣行是生縛說餘亦如是，無明滅行滅是滅縛說餘亦如是故；四者非無因作隨順有故，如經無明因緣行是隨順有觀說餘亦如是，無明滅行滅是隨順無所有盡觀說餘亦如是故。〔註29〕

在這裡世親舉十二緣生中之無明因緣行為例說明除第一觀外其餘三種深觀，一者，非他作，自因生故。這很好理解。二者，非自作，緣生故。如經，無明因緣行生，因緣即是能生行。指正是由於「無明」（愚癡）生出「行」（身心一切活動）。無明滅行滅行無。三者，非二作，但隨順生故。非自作，非他作，隨順而生，不易察覺，由於作時不住故。四者，非無因作，隨順有故。如經，無明因緣行是隨順有觀說。無明滅行滅是隨順無所有盡觀說。

智儼在《搜玄記》中對世親的四句深觀，解釋如下：

> 深觀者，觀行窮深，因緣之理妙過情趣，故名為深觀。相云何？論主分本三觀，以為四法趣其深理。一非他作自因生故，即成自因，具有勝力，離無因計；二非自作緣生故，即顯疏緣，具有勝力，即離單因生果不籍緣失。此二種離自性執，由順俗諦見心不息，問：何故不言各有少力共成多力？答：若少多則不成。三非二作但隨順生，此則去前見。因緣相隨順生者，有無不可取為隨有故，不可無隨順有故，非自有復隨順有，非定從因生故，離有無不可取也。四非無因作隨順有故，即離意，謂無分別。其法如上十平等攝，此即深觀之妙趣也。問：此觀為是逆觀？為是順觀？答此通逆順，隨順觀世諦即順也，即入第一義諦故逆也。〔註30〕

智儼在《搜玄記》卷三下解釋「第六地中十觀之第八因緣觀」中如下寫到：

> 因緣生理，因有決定用，緣有發果能方得法生。若但因力無緣發果能者，其因六義不現在前。何者為六義？一念念滅，此滅是空，

〔註29〕《大正藏》第 26 冊，第 170 頁。
〔註30〕《大正藏》第 35 冊，第 168 頁。

有力不待外緣所以有力不待緣，為因體未對緣事自邊動故。二俱有
是空有力待緣，所以者為得外緣唯顯體空俱成力用也。三隨逐至治
際是有無力待緣，所以知為隨他故不可無不能違緣，故無力也。四
決定是有有力不待緣，所以知外緣未至性不改自成故。五觀因緣，
是空無力待緣，所以知者為待外緣唯顯親因非有無力能生果也。六
如引顯自果，是有有力待緣。所以知得外緣時唯顯自因，得自果故。
問：此因緣六義分齊云何？答：今言賴緣者，但取因事之外增上等
三緣不取自因六義互相發。所以者，其六義者同是理法對因事顯。
廢生因事六義不能自互發成，但外三緣各有理事故，得對顯因果之
義。若爾六義不應總別相成，答六義六相共成者。〔註31〕

由上可知，智儼的「因門六義」除了依據世親著《十地經論》卷八所舉四
種深觀說法，還吸收了《攝大乘論》中的「種子六義」一說，《攝大乘論》是
大乘瑜伽行派的基本論書，簡稱《攝論》，印度無著撰，梵文原本已佚。中國
先後有三種漢譯：即北魏佛陀扇多譯，2卷；陳真諦譯，3卷；唐玄奘譯，3卷。
影響大、流行廣的是真諦和玄奘的譯本，對智儼有影響的是真諦譯本。

印度無著撰，陳天竺三藏真諦（499～569）譯的《攝大乘論》卷上，偈言：

外內不明了，於二但假名。及真實一切，種子有六種。念念滅
俱有，隨逐至治際。決定觀因緣，如引顯自果。〔註32〕

在世親釋，陳天竺三藏真諦譯《攝大乘論釋》〔註33〕卷第二中對「種子有
六種」解釋，如下：

一切種子有六種者，如此內外種子不過六種，何者為六？念念
滅者，此二種子剎那剎那滅，先生後滅無有間故。此法得成種子，
何以故？常住法不成種子，一切時無差別故，是故一名念念滅。俱
有者，俱有則成種子。非過去未來及非相離，是時種子有即此時果
生，是故二名俱有。隨逐至治際者，治謂金剛心道。阿黎耶識於此

〔註31〕《大正藏》第35冊，第66頁。
〔註32〕《大正藏》第31冊，第115頁。
〔註33〕無著所造攝大乘論之注釋書，世親造，漢譯本有三：1.陳代真諦譯，凡十二卷，
　　　　一說十五卷。天嘉四年（563）於廣州制旨寺譯出，慧愷筆錄。又稱梁譯攝大
　　　　乘論釋，略作攝論釋、梁釋論。2.隋開皇十年（590），沙門達摩笈多暨行矩等
　　　　合譯，凡十卷。題名攝大乘論釋論，又稱隋譯世親攝論。3.唐代玄奘譯。貞觀
　　　　二十一至二十三年（647～649）譯出，凡十卷。世稱唐譯世親攝論。

時功能方盡故名際，外種子至果熟及根壞時功能則盡，是故三名隨
逐至治際。決定者，由此決定不從一切。一切得生因果，並決定若
是此果種子，此果得生。是故四名決定。觀因緣者，由此種子觀別
因緣。方復生果，是故非一切時，非一切生。是時若有因，是時因
得生，是故不恒生。若不觀因而成因者，則一因為一切果因。以觀
因緣成故，不漫為因，是故五名觀因緣。能引顯自果者，是自種子
能引生自果。若阿黎耶識能引生阿黎耶識果，如谷等種子能引生谷
等果，是故六名能引顯自果。如此六種是因果生義。〔註34〕

「種子六義」即是（1）「念念滅」，種子不會暫住，而是不斷變化的；（2）
「俱有」，種子生起現象後仍然存在，並支持現象的存在；（3）「隨逐至治際」，
種子隨滅隨轉，永遠與阿賴耶識共存；（4）「決定」，種子的善惡性質始終不
變；（5）「觀眾緣」，種子生起現象，必須具備其他條件，即只有眾緣和合才有
生起的作用；（6）「引顯自果」，種子只能引生自類的果。智儼法師在《搜玄
記》卷三下解釋「第六地中十觀之第八因緣觀」中提及的「因六義」是完全按
照真諦譯《攝大乘論釋》中「種子六義」的次第展開論述的。

智儼在《五十要問答》之「四十三如實因緣義」這一問答中，主要是說明
因緣義的真實性質，著重闡釋了「因果相成」之義與「因門六義」，在這裡智
儼概括總結到「又一切因有六種義」，即因門六義：

又一切因有六種義：一空有力不待緣，念念滅故。二有有力不
待緣，決定故。三有有力待緣，如引顯自果故。四無無力待緣，觀
因緣故。五有無力待緣，隨逐至治際故。六無有力待緣，俱有力
故。〔註35〕

在智儼看來，一切因，在緣起方面有六個涵義，即是說，以六義分析因
緣，因具決定之作用，起主要直接作用，緣乃發果之能，起間接輔助作用。諸
法待因緣和合而生，不可專從「因」或「緣」的力用上理解，也不可專從「因」
與「緣」兩力用的「合力」上體會，而應當合因的具有「空」「無」兩義、「有
力」「無力」兩義與「待緣」「不待緣」兩義上加以領悟。

智儼法師在解釋如上因門六義後，隨即引經據論，說明「此顯因果親疏分
齊極明善也」，就是說此因門六義把因與果的親疏有無力用的差別關係都完滿

〔註34〕《大正藏》第 31 冊，第 165～166 頁。
〔註35〕《大正藏》第 45 冊，第 531 頁。

的表達出來了。智儼在《五十要問答》之「四十三如實因緣義」這一問答中，主要是說明因緣義的真實性質，著重闡釋了因果相成之義與因門六義，最後說明其六義及因果理事相成更以六法顯之的道理。智儼法師在此處提及的「因六義」與上面《搜玄記》中提及的「因六義」在次第上有所不同，其「六義」內容則無任何改變。如下圖所示：

《搜玄記》	《五十要問答》
空有力不待外緣（念念滅）	空有力不待外緣（念念滅）
空有力待緣（俱有）	有有力不待緣（決定）
有無力待緣（隨逐至治際）	有有力待緣（引顯自果）
有有力不待緣（決定）	空無力待緣（觀因緣）
空無力待緣（觀因緣）	有無力待緣（隨逐至治際）
有有力待緣（引顯自果）	空有力待緣（俱有）

因門六義可分為下列三種形式理解，即：（一）因有力不待緣，又作因生。即因之自體具有生果之全部力用（直接原因），而無須假借他緣之力（間接原因）者。（二）因無力待緣，又作緣生。即因之自體無有生果之力用，而必須假借他緣之力者。（三）因有力待緣，又作因緣生。即必須由因與緣兩方之力，才能生果者。此三種形式非全然有個別之義，惟其觀點不同而已。其實，此三種形式互含攝其全體，即謂「因生」時，其因含攝緣之全體；而謂「緣生」時，則緣奪因之全用，然其中亦含攝有因之義；又謂「因緣生」時，則因與緣二者俱存。蓋因之自體，非有實質性，此為空義；以其待緣而生故，是為有義。由此可知，因之自體具空、有二義，以上述三種形式各具空、有二義，而形成因之六義。

三祖法藏對因門六義加以繼承和發揮，在《華嚴一乘教義分齊章》之卷第四中專門論有「緣起因門六義法」，為釋此義，分六門來討論分別，一釋相、二建立、三句數、四開合、五融攝、六約教，從這六方面解釋分析因門六義法，在「釋相」中分別對此「六義」一一加以闡釋說明，即：

> 二釋相者。初者是剎那滅義，何以故？由剎那滅故，即顯無自性，是空也。由此滅故果法得生，是有力也。然此謝滅非由緣力故，云不待緣也。二者是俱有義，何以故？由俱有故方有，即顯是不有是空義也。俱故能成有是有力也，俱故非孤是待緣也。三者是待眾

緣義，何以故？由無自性故是空也，因不生緣生故是無力也，即由
此義故是待緣也。四者決定義，何以故？由自類不改故是有義，能
自不改而生果故，是有力義。然此不改非由緣力故，是不待緣義也。
五者引自果義，何以故？由引現自果，是有力義。雖待緣方生，然
不生緣果，是有力義。即由此故是待緣義也。六者是恒隨轉義，何
以故？由隨他故不可無，不能違緣故無力用，即由此故是待緣也。
是故攝論為顯此六義而說偈言：剎那滅、俱有、恒隨轉、應知決定、
待眾緣、唯能引自果。〔註36〕

　　法藏在這裡提到的「因門六義」與智儼所提到「因六義」實質內容是一樣
的，只是與智儼在《搜玄記》和《五十要問答》中的次第不同，如下圖所示：

《搜玄記》	《五十要問答》	《華嚴一乘教義分齊章》
空有力不待外緣（念念滅）	空有力不待外緣（念念滅）	空有力不待外緣（剎那滅）
空有力待緣（俱有）	有有力不待緣（決定）	空有力待緣（俱有）
有無力待緣（隨逐至治際）	有有力待緣（引顯自果）	空無力待緣（待因緣）
有有力不待緣（決定）	空無力待緣（觀因緣）	有有力不待緣（決定）
空無力待緣（觀因緣）	有無力待緣（隨逐至治際）	有有力待緣（引顯自果）
有有力待緣（引顯自果）	空有力待緣（俱有）	有無力待緣（隨逐至治際）

　　通過法藏在《華嚴一乘教義分齊章》之卷第四中對「緣起因門六義法」的
「釋相」的闡釋，可以理解智儼所沒有說明的問題，如法藏所理解的「空」和
「有」是放在諸法之「體」上而說明的，「有力」和「無力」是相對諸法之「用」
上而言，「待緣」和「不待緣」講的是緣起的資助問題。「又由空有義故。有相
即門也。由有力無力義故。有相入門也。由有待緣不待緣義故。有同體異體門
也。由有此等義門故。得毛孔容剎海事也。思之可解。」〔註37〕

　　這是說，由於因有六種特性，六種特性內部又有體、用、待三類不同情
況，特點在於就體之空有說相即，又就用之有力、無力說相入。也就是說，就
諸法之體用論相即相入無礙圓融。依此而言，所謂因門六義，即就用之相入而
論因、緣之有力無力。這種種錯綜複雜因素的交互作用決定了一切緣起事物的
相即相入，構成為一小毛孔能容納大剎海的圓融景象。

〔註36〕《大正藏》第 45 冊，第 502 頁。
〔註37〕《大正藏》第 45 冊，第 502 頁。

值得注意的是法藏在《華嚴一乘教義分齊章》之卷第五「融攝」門中將此六義以六相融攝取之，即：

> 第五融攝者，然此六義以六相融攝取之，謂融六義為一因是總相，開一因為六義是別相。六義齊名因是同相，六義各不相知是異相。由此六義，因等得成是成相，六義各住自位義是壞相。〔註38〕

這是將六相與六義溝通，將因門六義重新區分組合為總、別、同、異、成、壞六種相狀，因門六義總為一「因」，即是這因門六義都是再說明「因」的問題，所說總為一「因」，而這一「因」裏能開出六義，即「因」的六種情況，即是別相，六義都不逃出「因」這一範圍，故齊名為「因」，是謂同相，六義各不相知，各各不同，此謂異相，由此六義，得成為因，是為成相，六義各住自位是壞相。在這裡，論述了因門六義的融攝問題，他用六相來融攝因門六義，進而以因門六義來說明一切事物之間的圓融關係。

二祖智儼在《搜玄記》和《五十要問答》中同樣也是把六義六相相結合起來。〔註39〕智儼將因果相成與因門六義以六相形式顯示出來，可見法藏承襲其師的思維理解方式，並且深入理解了其師的這一思維方式，可見法藏深受其師智儼的影響。

3.4 法藏對智儼六相思想的展開

法藏的基本思想，大體上都是從智儼那裏延續下來的，但他比智儼的一些說法更明確，更充實了。為了使教義易於為人們理解，做了許多通俗化的工作，從而使華嚴宗的影響更為擴大。如他曾被武則天召去講「六相」、「十玄」，為了讓武則天能更好的理解，隨即以殿前的金師子做譬喻，反覆闡明，「帝遂開悟其旨」，這就是現存的《金師子章》。又如，他為了使人們對《華嚴經》中緣起無盡、圓融無礙的理論得到感性的認識，曾設十面鏡子「八方安排，上下各一，相去丈餘，面面相對」，然後在中間放一尊佛像，點一支蠟燭照之，於是十面鏡子中，「互影交光」，佛影重重，而「學者因曉剎海涉入無盡之義。」

二祖智儼始說六相圓融，但由於智儼的相關論述相當簡略，如上文所見，再加上智儼有關這一方面的思想專著《六相章》已佚，而在智儼現有的著作中

〔註38〕具體可參考：《大正藏》第 45 冊，第 502～503 頁。
〔註39〕具體可參考：《大正藏》第 45 冊，第 531 頁。

呈現的只是一個思想概況，無法再現智儼所論述的六相圓融的妙理，但是這一思想並未因文獻資料記載的匱乏，而從此銷聲匿跡不見影蹤，而是被其後的三祖法藏四祖澄觀繼承發揮並集其大成。而最終成為華嚴宗之法界緣起的重要內容。

　　三祖法藏直承其師智儼的思想，對其師的思想領會頗深，智儼大師體會到華嚴法界緣起的相狀也不外乎這六相，於是就用來解釋一切緣起現象，法藏大師詳細表述這一理論。法藏在《華嚴金師子章》中以金獅子為比喻，來闡說六相之義：「師子是總相，五根差別是別相；共從一緣起是同相，眼、耳等不相濫是異相；諸根會合是成相，諸根各住自位是壞相。」〔註40〕「總相」是整體師子。金獅子是總相，譬喻一種緣起中具足了各種成分，如金獅子具有眼、耳、鼻、舌、身五根。「別相」指組成整體的部分。金獅子的眼、耳、鼻、舌、身五根是別相，各不相同。「總相」和「別相」是整體與部分的關係。沒有部分，就沒有整體總，這是「以別成總」；但這部分別只有在整體總存在的前提下才是部分別，沒有整體也無所謂部分，這是「以總成別」。「別成總」、「總成別」明確指出了整體與部分之間相互聯繫、相互制約和相互依存的關係。「同相」指組成整體師子的各部分五根的同一共從一緣起。眼、耳等各部分相依相待，合成一個總體獅子，而互不相違背。「異相」指各部分五根的差別不相濫。眼、耳等各部分各不相同，是異相。「同相」與「異相」講同一與差異的關係：「同」指構成整體的各部分有同一性互不相違，「異」指構成整體的各個部分彼此有差異諸緣各別。「成相」指各部分五根是組成整體師子的必備條件。眼耳等諸根緣起而成為獅子，是成相。「壞相」指各部分五根在整體中保持自身獨立。眼耳等各部分仍住自位，保持分離狀態，是壞相。「成相」和「壞相」是講對立面的相互轉化。

　　法藏在《華嚴一乘教義分齊章》卷四中「第十義理分齊」分四門來討論，其中第四門即是說明「六相圓融義」，六相圓融亦有三門分別，初列名略釋。二明教興意。三問答解釋。

　　首先列名解釋。

　　（1）總相：《華嚴一乘教義分齊章》卷四云：「總相者，一含多德故。」總相，即一緣起之法具足多德。指事物的各個部分和合為的一個整體。稱為事物之總相。如房屋具有梁、柱、磚、瓦等眾緣而成為一總體，房屋即是一

總相。

（2）別相：《華嚴一乘教義分齊章》卷四云：「別相者。多德非一故。別依比總滿彼總故。」別相，即合成一法具有多德，指和合成一事物的各個部分是為別相。如形成一房屋的梁、柱、磚、瓦、椽等各個部分各不相同，構成房屋之各個部分是別相。

（3）同相：《華嚴一乘教義分齊章》云：「同相者。多義不相違。同成一總故。」即多德並不互相違背，正是由於同屬於一大類，而成一總。指事物的各部分雖形相各別，但互相不妨礙正是由於同屬於一大類，而能和合成一個總體。是為同相。如梁、柱、磚、瓦、椽等雖形相各有別，各有其不同之作用，而不互相妨礙，而都屬於造屋的材料，最後能和合成一屋，是為同相。

（4）異相：《華嚴一乘教義分齊章》卷四云：「異相者。多義相望各各異故。」異相即是構成一法之多德互異。指一事物的各部分雖同成一體，但依然各有著大小等各各不同差別形相是為異相。如梁、柱、磚、瓦、椽等都屬於造屋的材料，但各自有各自的形相和作用，是為異相。

（5）成相：《華嚴一乘教義分齊章》卷四云：「成相者。由此諸緣起成故。」成相即由於這些多德諸緣相依而和合成一法，則此事物成。指事物的各部分和合成一個整體，則此整體即成，是為成相。如椽梁、柱、磚、瓦、椽等相依相成為一房屋。是為成相。

（6）壞相：《華嚴一乘教義分齊章》卷四云：「壞相者。諸義各住自法不移動故。」壞相，即諸緣各自住於本法而不移動，雖曰壞相實則並無破壞的意思，更明確的說，不動即壞。指事物的各部分不和合，各部分的本性不移，不變。即事物之一總相不會形成，是為壞相。如梁、柱、磚、瓦、椽等本來各自獨立存在，如果保持其獨立，這種分離狀態就不會形成房屋，是為壞相。

在下文又「明教興意」。

> 第二教興意者。此教為顯一乘圓教法界緣起無盡圓融自在相即無礙鎔融乃至因陀羅無窮理事等。此義現前一切惑障。一斷一切斷。得九世十世惑滅。行德即一成一切成。理性即一顯一切顯。並普別具足始終皆齊。初發心時便成正覺。良由如是法界緣起六相鎔融。因果同時相即自在具足逆順。因即普賢解行。及以證入果即十佛境界所顯無窮。廣如華嚴經說。〔註41〕

最後「問答解釋」。

在第三問答解釋中，就房舍為例，對六相名目以問答形式一一解釋，來說明六相之間的相互關係，就「總」與「別」的關係來說，「若不別者，總義不成，由無別時，即無總故。此義云何？本以別成總，由無別故，總不成也。是故別者，即以總成別也。」〔註42〕「別」是包括「椽」、「瓦」等在內的具體的「別」，它所組成的「總」也是具體的「總」，這樣，屬於整體（總）的部分（別）之間也發生了關係，整體中的某一部分不僅與整體有聯繫，受整體制約，同時也受這個整體中的其他部分制約，所謂「未有瓦等時，不是椽」。「椽」不僅相對與「舍」才成為「椽」，而且也是相對於「瓦」才能為「椽」。進一步說，當「椽」存在時，「舍」是完滿無缺存在的。組成「舍」的所有部分都不是「舍」，但是，它們又都分別和「舍」相等同，因為，當說「椽」時，「瓦」等組成「舍」的一切都包括無遺了。這種關係稱作「總別相即」。就是說，如果沒有部分（別），就沒有整體（總），這就是「以別成總」，再者，如果沒有整體（總），也就無所謂部分（別），因為部分（別）只有在整體（總）存在的前提下才是部分（別），這就是「以總成別」。在這裡指出了整體（總）與部分（別）之間相互制約，相互依存的關係。在「六相」中，「總別」一對最重要，其餘「同異」、「成壞」均從「總別」中引申出來。「同」指構成整體的各個部分有同一性，「異」之構成整體的各個部分彼此有差異。各個部分是構成整體的必要條件，叫作「成相」，各個部分有保持自己的特性，這叫作「壞相」。「同」與「異」、「成」與「壞」同樣存在「相即」關係。最後得出椽即是舍、舍即是椽，以致於板、瓦等等，悉皆是椽的論斷。總相即別相，別相即總相，此別相即彼別相。總、同、成三相，就無差別方面而言，指整體；別、異、壞三相，從差別方面而說，指部分。從上文可以看出，法藏繼承了智儼對六相定義的界定，亦有所發揮，六相之關係又可分為體、相、用來說。總、別二相是緣起之體德。同、異二相是緣起之異相。成、壞二相是緣起之義用。據大正藏第72冊凝然《五教章通路記》卷27載，緣起法有圓融與行布差別之二大義，其中總、同、成三相屬圓融門三相圓融；別、異、壞三相屬行布門三相行布。無差別之圓融並不離差別之行布，行布亦不離圓融。所以說圓融即行布，行布即圓融。於此乃成立無盡法界之緣起。

〔註42〕《大正藏》第45冊，第508頁。

小結

在華嚴祖師中，智儼始說六相圓融，成一家之大法門。「六相」思想在智儼法師華嚴思想中佔用極其重要地位，智儼法師也曾就「六相」思想專門著有《六相章》一書，這本書應該是對「六相」思想之義理做了一個明確清晰的闡釋，遺憾的是這一著作現已不存在。智儼在其著作《華嚴經搜玄記》卷三、《華嚴經五十要問答》後卷、《華嚴經內章門等雜孔目章》卷三中，對於六相義有許多闡釋和發揮，雖然闡釋的並不多，但是「六相」思想義理已貫穿於其中。在《華嚴經五十要問答》後卷中著重解釋說明了因緣如實義，從這裡看出智儼對因果問題的看法，一言以蔽之即是因果相生相成，把一切因歸為六義，即因門六義，此六義把因與果的親疏有無力用的差別關係完滿的表現出來，而因果相成與因門六義都是在說緣起法，智儼認為因果相成與因門六義更以六相顯之，即是說六相這一門也可以把因果相成與因門六義這兩門的意義顯示出來，「認為如是一切及上會諸文，準六相之義取之，則無不明瞭。」〔註43〕通過智儼對六相名目的界定，不難看出裏面的六相圓融無礙之義，所述緣起之法並悉遍法界，都具六相圓融無礙義，每一事物都處於「總別相即」「同異相即」「成壞相即」的圓融狀態。對這種狀態的認識，即是佛智，對這種狀態的體驗，即是對佛境界的體驗。就凡夫看事物是千差萬別，種種分齊，事相各各隔礙，不具六相，這是因為以世俗的眼光看世界，在世俗人的境界裏面。若就佛的境界所見諸法一一事相中，都見此六相圓融。如毘盧遮那佛在「海印三昧」示現的境界，過去、現在、未來一切法都同時在一心中印現，猶如深淵大海，湛然映現一切景象，而這一切法都相即相入，相攝相容，圓融無礙。如此在海印定時客體化出現象世界、宇宙整體，是毘盧遮那佛的境界。「六相圓融」說要求人們從總別、同異、成壞三方面看待一切事物，認識到每一事物都處於總別相即、同異相即、成壞相即的圓融狀態。世間諸法現象的構成及現象與現象的關係也是如此。全體與部分、同一與差異、生成與壞滅是相即相入圓融無礙的無盡緣起關係。

〔註43〕《大正藏》第 35 冊，第 42 頁。

第 4 章　智儼的十玄思想

十玄是簡稱，全稱十玄緣起無礙法門，或作華嚴一乘十玄門、十玄無礙、十玄無盡。「玄」來源於《老子》，在道家哲學中，它能夠體現萬物幽深微妙、高遠莫測的無窮變化作用。天台宗有「玄學」說，華嚴宗有「玄門」說。華嚴四祖澄觀即清涼大師在《華嚴經隨疏演義鈔》中曾說到「玄者，妙也。門，即能通之義。玄妙之門，能通達華藏海故也。蓋此十門，乃晉雲華尊者，依華嚴大經一乘圓頓妙義而立也。」雲華尊者即華嚴宗二祖智儼。智儼把釋迦牟尼佛所創立悟得的義理看作「玄」的體現，如《搜玄記》卷一謂：「夫如來大聖，自創悟玄蹤，發軫於無住。融神妙寂，志崇於菩提。故能殖道種於先際，積善業於無我。量正智於金剛。」[註1] 他把自己系統詮釋《華嚴經》的第一部著作定名為「搜玄記」，把最具創新意義的學說定名為「十門玄」，或「十玄門」，正體現了他是在探索「玄」的思想支配下詮釋經典。智儼所要搜的「玄」，用《華嚴十玄門》中的用語，就是「一乘緣起」或「法界緣起」。其弟子法藏承襲了其師的「玄」義，著有《探玄記》一書。另外，現存《華嚴十玄門》既標有「大唐終南太一山至相寺釋智儼撰」，同時又標有「承杜順和尚說」，表明智儼是在吸收杜順某些思想的基礎上提出自己最具創新性質的學說，這一學說也是華嚴祖師一脈相承的重要義理。

4.1 十玄思想的淵源

十玄思想並不是憑空出現的，是華嚴宗人受《華嚴經》思想的啟發構思出

[註1] 《大正藏》第 35 冊，第 13 頁。

來的。「十」的特徵，在《華嚴經》中隨處可見，譬如十住、十行、十迴向、十地、十定等。又以最早傳入中國的《兜沙經》而言，「兜沙」是梵語「十」的意思，此經相當於六十《華嚴》第三「如來名號品」、八十《華嚴》第七的「如來名號品」。在數學上十十進制，在華嚴的修行，菩薩階位也是十十增進，直到圓滿佛果。《華嚴經》有一特色，就是凡涉及數量之處，多用十數，例如菩薩行的階位是十個十個的遞相上升，如十信（《華嚴經》未明十信）、十住、十行、十迴向、十地。從「四諦品」的苦滅道諦起，即有十個層次，第十是「十藏」，便是十無盡藏。此外有十種三昧、十種行法、十種波羅蜜、十方世界、十種身等等。又如「佛不思議法品」，雲佛具足種種不思議事，總項舉了三十二種，每一種各有十種，其每一種又都是無量無邊。在《華嚴經‧賢首品》中舉出了「海印三昧」與「華嚴三昧」來說明佛的最高境界，而用以形容這兩種三昧的，就是「十玄」思想的大義。「十玄」同時還參照了《華嚴經》中到處所提及的「十對」（此十對名目，經文前後有些不同），即教義、理事、境智、行位、因果、依正、體用、人法、逆順、感應。這十對之間又互相包含，互相反映，使形成的關係無窮無盡。華嚴祖師沿襲了《華嚴經》中用「十」的傳統。初祖杜順在其著作《華嚴法界觀門》中，開顯實踐行的觀門，建立法界三觀即真空觀、理事無礙觀、周遍含容觀。每一觀法中各有十門。智儼在前人理論基礎上更進一步尋繹《華嚴經》所說緣起法相的條理，而發明了「十玄」的說法，這是在經、論裏都未見有明文的，所以「十玄」也是由智儼首創。

　　有關十玄緣起說的形成過程，在華嚴理論的建構史上，最初提出者為智儼。智儼法師撰《華嚴一乘十玄門》，秉承杜順所說。但是華嚴四祖澄觀在《法界玄鏡》卷下說到十玄的形成究其根源，仍然不能離開杜順《法界觀門》中的第三觀周遍含容觀裏面所攝十門。所以《法界觀門》的周遍含容觀，才是十玄緣起成立的十種含義的原初模型。此書是將規模宏大的《華嚴經》內容，組織為簡明的觀法。裴休於宗密《注華嚴法界觀門》的序中說：「此經雖行於世，但能通之者罕。有杜順和尚，歎曰，大哉法界之經，自非登地，何能披其文，見其法哉？吾設其門以示之。於是著法界觀。而門有三重：一曰真空門，簡情妄以顯理，二曰理事無礙門，融理事以顯用，三曰周遍含容門，攝事事以顯玄，使其融萬象之色相，全一真之明性，然後可以入華嚴之法界矣。」〔註2〕法界觀門是杜順和尚述，雖然今天見不到杜順原文，但是可以從澄觀大師的

《法界玄鏡》及宗密大師的《注華嚴法界觀門》中窺其全貌。所以說,智儼法師是依據杜順《法界觀門》中的第三觀「周遍含容觀」裏面所攝十門本身所應該依據的體事,而開展為十義,即教義、理事、解行、因果、人法、分齊境位、法智師弟、主伴依正、逆順體用及隨生根性等十義具足。〔註3〕提出自己最具創新性質的學說——「十玄門」。

法界觀所載的三個觀法,即真空觀、理事無礙觀、周遍含容觀。最後一觀周遍含容觀是杜順思想的精華所在,同時也是華嚴事事無礙觀的一個獨創之說。在這裡事與事之間即能呈現出無礙、相融的關係,不必靠理(空)來做圓融相即無礙的媒介,因為理(本體)與事(現象)既然是相即一體,事與事也當然能夠相即圓融。即:離開了現象(事)之外,並沒有另外一個叫做理(空)的存在,所謂理或空也不過是言說上的方便假施設而已,事本身即有絕對的價值,此境即是事事無礙的世界,杜順把它叫做周遍含容的世界,事如理,理如事,理如虛空,無不周遍,無不含容(包容);事亦如理,無不周遍,無不含容,遍攝無礙,攝是含容義。無礙有二義,一是遍不礙攝,二是攝不礙遍,事事能攝能遍,交參無礙及大自在。周遍含容觀,有十門。

(1)理如事法門,「謂事法既虛,相無不盡。理性真實體無不現,是則事無別事,即全理為事。是故菩薩雖復看事即是觀理,然說此事為不即理。」〔註4〕是說事法既然是虛,那麼相無不盡,理性真實,體無不現。是則事無別事,即全理主事。因為理的動態即亦成事,全理為事,所以事外無理,理如事是如事的現、如事的局、如事的差別,如事的大、小、一、多等的意思。又真理如事的虛,以虛名主實體,虛即是實叫做無別事,所以全理是事,見事即見理。

(2)事如真理門,「謂諸事法與理非異故,事隨理而圓遍。遂令一塵普遍法界,法界全體遍諸法時,此一微塵亦如理性,全在一切法中。如一微塵,一切事法亦爾。」〔註5〕是說一切事法與理非異,所以事隨理而圓遍,一塵普遍同法界。法界全體遍諸法時,此一微塵亦如理性全在一切法中。如一微塵,一切事法亦然。

(3)事含理事門,「謂諸事法與理非一故,存本一事而能廣容。如一微

〔註3〕 《大正藏》第 45 冊,第 515 頁。
〔註4〕 《大正藏》第 45 冊,第 680 頁。
〔註5〕 《大正藏》第 45 冊,第 680 頁。

－99－

塵其相不大，而能容攝無邊法界。由剎等諸法既不離法界，是故俱在一塵中現如一塵一切法亦爾。此事理融通非一非異故，總有四句：一一中一，二一切中一，三一中一切，四一切中一切。各有所由思之。」〔註6〕不唯理含事理，亦且事含理事故。是說一一之事，皆含有事與理，一一事中，含全法界，故事與事之間，有融即的關係。一塵之中，顯現一切法，融即是周遍含容的意思。

（4）通局無礙門，「謂諸事法與理非一即非異，故令此事法不離一處，即全遍十方一切塵內。由非異即非一故，全遍十方而不動。一位即遠即近，即遍即住，無障無礙。」〔註7〕不唯全遍十方，而又不動本位故。此門正說事事無礙，事法與理非一非異故，事與理非一則事能保持自相及自位；事與理非異則能遍滿一切塵內。一般的思維形式和現實經驗通常是不是一就是異，不可能又是一又是異。此二者不可兼得的基本模式，至此已經完全打破。打破以後的新境界是：既非一又非異，既是一又是異的同時無礙境地。因此才能夠全遍十方而不動本位，既遠即近。即遍即住，無障無礙。

（5）廣狹無礙門，「謂諸事法與理非一即非異故，不壞一塵而能廣容十方剎海。由非異即非一故，廣容十方法界，而微塵不大。是則一塵之事，即廣即陝，即大即小，無障無礙。」〔註8〕不唯廣容剎海，而能不壞一塵故。廣狹無礙或大小無礙的境地亦是由於相反即是相成，或相對即是統一的道理。事與理非一即非異故，並沒有什麼神秘，非一即非異其實就是說事即理。因為非一是指萬千的事物，非異則指一味的實相。由非異即非一故，廣容十方法界而微塵不大。打破自性執的實一和實異，就能廣狹無礙了。如果微塵必須擴大才能包容十方剎海，那就是大、小皆有定相或自性。如果同、異、廣、狹或大小皆無自性，當然就能廣狹無礙了。十玄門的廣狹自在無礙門乃是而立。

（6）遍容無礙門，「謂此一塵望於一切，由普遍即是廣容故。遍在一切中時，即復還攝彼一切法，全住自一中。又由廣容即是普遍故，令此一塵還即遍在自內一切差別法中。是故此一塵，自遍他時，即他遍自，能容能入，同時遍攝無礙。」〔註9〕以一望多，則一法遍一切時，還復容彼一切，蓋由普遍即是廣容故。是說一切塵望於一切，普遍即是廣容，所以遍在一切中時，還攝彼一切法全住於自己的一之中。反過來說，廣容即是普遍，故令此一塵還即遍在自

〔註6〕 《大正藏》第 45 冊，第 680 頁。
〔註7〕 《大正藏》第 45 冊，第 681 頁。
〔註8〕 《大正藏》第 45 冊，第 681 頁。
〔註9〕 《大正藏》第 45 冊，第 681 頁。

己裏面的一切差別法中，故此一塵，自遍他時，即他遍自，能容能入，同時遍攝無礙。此境相當於十玄的一多相容門。

（7）攝入無礙門，「謂彼一切望於一法，以入他即是攝他故。一切全入一中之時，即令彼一還復在自一切之內，同時無礙。又由攝他即是入他故，一法全在一切中時，還令一切恒在一內，同時無礙。」〔註10〕入，是走出自己的本位，然後融進其他別的系統裏面去，作為其他系統裏面的部分成員。因此一方面是談能攝，第二方面又談能入，攝與入就變成相互的關係，就變成互攝相容，契合無間了。「一即一切，一切即一」就是由這種互相攝入的關係形成的。

（8）交涉無礙門，「謂一法望一切，有攝有入。通有四句：謂一攝一切一入一切，一切攝一一切入一，一攝一法一入一法，一切攝一切一切入一切。同時交參無礙。」〔註11〕一多俱為能入攝故，一能攝入，與多能攝入，交涉無礙。若以十鏡為喻，一鏡為一，九鏡為多，當一鏡為能入，入於多鏡時，而多鏡亦各為能入，入於一鏡，當一鏡為攝多鏡時，則多鏡亦各為能攝，攝於一鏡。

（9）相在無礙門，「謂一切望一亦有入有攝，亦有四句：謂攝一入一，攝一切入一，攝一入一切，攝一切入一切。同時交參無障無礙。」〔註12〕多一俱為所攝入故，多所攝入在於一所攝入，互相無礙。相在無礙門其實就是一種互相涉聯的關係。這是依據事法即理門而來，因為事在理中，則全事如理，所以它能夠令一事、多事互為能所，互相含攝，而且同時交參無礙。說入時則一多皆為能入，說攝時則一均為能攝，互攝互在。由此故有帝網重重之義。

（10）普融無礙門，「謂一切及一普皆同時，更互相望。一一具前兩重四句，普融無礙。」這就是要把前面第八同第九裏面所肯定的兩項原則，一方面是能互相攝入，另方面是讓能所互相攝入。然後再形成一個普遍的關係，而將一切互相對立的事物，在形成彼此之分的時候，彼此可以互攝彼此。也就是說，此攝彼的全體，此攝的個體，此攝的部分，反過來說時，彼亦可一一還攝，部分可以還攝，個體可以還攝，全體可以還攝，全體之中的每一個體也可以還攝。如此說來，就構成了普遍的圓融無礙。也就是說普遍融貫的原理。

〔註10〕《大正藏》第 45 冊，第 681 頁。
〔註11〕《大正藏》第 45 冊，第 681 頁。
〔註12〕《大正藏》第 45 冊，第 682 頁。

　　宗密在《注華嚴法界觀門》中說到,「將此十門,遍配一切法義,方成十玄之義。」〔註13〕可見周遍含容觀中十門與後來智儼之十玄門是有直接關聯的。將華嚴經配置於觀行而組織體系,最早就是華嚴宗初祖杜順的法界觀門,如在教理上的組織,即《一乘十玄門》莫屬。所以《一乘十玄門》,是繼承杜順說,由智儼撰述而成,故其思想旨趣屬於杜順的《法界觀門》。是以華嚴宗初祖杜順在其周遍含容觀十門中,開導出來十玄門;但十玄門的組織,卻是由智儼而大成!這可以說由杜順而智儼的傳統思想,成就了一乘十玄門的教學體系的淵源。

4.2 智儼的十玄思想

4.2.1 十對的內涵

　　在《搜玄記》中智儼首次提出「十玄」說,其中在「第五隨文解釋者」中「釋文分齊」之「就所詮明分齊者略有十門」,而引出十玄門,如下:

> 　　約就所詮明分齊者略有十門:一同時具足相應門,於中有十,一教義具足、二理事具足、三解行具足、四因果具足、五人法具足、六分齊境位具足、七師弟法智具足、八主伴依止具足、九逆順體用自在具足、十隨生根欲示現具足,此等十門相應無有前後也。二因陀羅網境界門,此中具前十門。但義從喻異耳,餘可準上。三秘密隱顯俱成門,此亦具前十門。但義從緣異耳,餘可準上。四微細相容安立門,此亦具前十門。但義從相異耳,餘可準之。五十世隔法異成門,此亦具前十門。但義從世異耳,餘可準之。六諸藏純雜具德門,此亦具前十門。但義從世異耳,餘可準之。七一多相容不同門,此亦具前十門。但義從理異耳,餘可準之。八諸法相即自在門,此亦具前十門。但義從用異耳,餘可準之,亦可依性。九唯心回轉善成門,此亦具前十門。但義從心異耳,餘可準之。十託事顯法生解門,此亦具前十門。但義從智異耳,餘可準之。〔註14〕

　　智儼在其十卷本著作《搜玄記》中提到「十玄門」,僅有上面這一段話,並且未多做解釋,只是列出其名目。首先,智儼將第一門「同時具足相應門」

〔註13〕《大正藏》第 45 冊,第 689 頁。
〔註14〕《大正藏》第 35 冊,第 15 頁。

分解成教義、理事、解行、因果、人法、境位、師弟、主伴、逆順、隨生根欲示現等十個方面，並認為這十個方面並沒有先後順序的差異。但是其具體內涵於此並沒有進一步的說明。其次，智儼將從第二門「因陀羅網境界門」開始的其他九門同樣分成上述的十個方面，並進一步認為這十個方面雖然名目相同，但是側重點有所不同。第二「因陀羅網境界門」側重於從比喻的角度來理解。第三「秘密隱顯俱成門」是從互為因緣的角度來解讀。第四「微細相容安立門」是從事物的相狀角度的說明。第五「十世隔法異成門」是從時間角度的解釋。第六「諸藏純雜具德門」，此處寫「義從世異耳」，即是說這與第五「十世隔法異成門」相同。需要指出的是《華嚴一乘十玄門》中此門從「行」上說，結合上下文應以《華嚴一乘十玄門》為準，因為第五門「十世隔法異成門」已從「世」角度闡釋了。所以這裡是從修行角度所說。第七「一多相容不同門」從理體的角度、第八「諸法相即自在門」從事用的角度、第九「唯心回轉善成門」從心本體角度、第十「託事顯法生解門」從智慧的角度作了不同的解讀。

　　十玄所具有的共同十個方面即「十對」的具體解釋，則是在《華嚴一乘十玄門》中，如下：

　　　　所言十者，一者教義、二理事、三解行、四因果、五人法、六分齊境位、七法智師弟、八主伴依正、九逆順體用、十隨生根欲性。所言教義者，教即是通相別相三乘五乘之教，即以別教以論別義，所以得理而忘教。若入此通宗而教，即義以同時相應故也。第二理事者，若三乘教辨即異事顯異理，如諸經舉異事喻異理。若此宗即事是理，如入法界等經文是體，實即是理相彰即是事。第三解行者，如三乘說解而非行，如說人名字而不識其人。若通宗說者即行即解，如看其面不說其名而自識也。相顯為行，契窮後際為解。第四因果者，修相為因契窮為果。第五人法者，文殊顯其妙慧，普賢彰其稱周，明人即法也。第六分齊境位者，參而不雜各住分位，即分齊境位。第七法智師弟者，開發為師相相成即弟子。第八主伴依正者，舉一為主餘即為伴，主以為正伴即是依。第九逆順體用者，即是成壞義也。第十隨生根欲性者，隨緣常應也。如《涅槃經》云：此方見滿餘方見半，而月實無虛盈。若此宗明者，常增減而常無增減。以同時相應，然此十門體無前後，相應既其具此十門。餘因陀羅等

九門亦皆具此十門。何但此十門，其中一一皆稱周法界，所以舉十門者成其無盡義也。〔註15〕

「十對」名目即十義，於《搜玄記》、《華嚴一乘十玄門》、《華嚴探玄記》卷一、《華嚴五教章》卷中、《華嚴旨歸》等諸書中均有論述。然各書所列舉名目略有出入，智儼在《搜玄記》與《華嚴一乘十玄門》中所列名目相同。「十會」，指的是教義、理事、解行、因果、人法、分齊境位、法智師弟、主伴依正、逆順體用、隨生根欲性。

（1）教義，「教」即是總攝一乘、三乘乃至五乘等之一切教。「義」即是指所詮「教」之一切義理。不同「教」論不同「義」，所以得「義」理而忘「教」。然若入於此通宗之教，則「教」與「義」同時相應相即。

（2）理事，「理」為各種事相所依之真理。「事」指色身等各種事相。若三乘教中，異事顯異理，如諸經舉異事喻異理。然此通宗中，即事是理，如「入法界」等經文是體，實即是理，相彰即是事。理即事，彼此交融。

（3）解行，「解」悟解之意；「行」修行之意。三乘教法中，「解而非行」就好像只會說人名字而不認識其本人一樣。於此通宗教中，即行即解，就好像看見本人不說其名字，一樣就認識了。相顯為行，契窮後際為解。「解」與「行」互賅互攝，相即相入。

（4）因果，「因」泛指所有的修行過程；「果」指契達於極致之境地。

（5）人法，「人」指佛、菩薩，乃至歷代諸論師、師家等；「法」即上述諸人所宣說之各種法門要旨。於此通宗教中，人即法，互融而相互彰顯。

（6）分齊境位，於法界中，一一之法參而不雜各住其位，各有分位界限。

（7）師弟法智，「師」能開啟化導之人；「弟」被師家開啟化導而能與之相輔相成者。

（8）主伴依正，於萬法之中，隨舉一法為主，其餘諸法為伴，則主以為正，伴即是依。

（9）逆順體用自在，體，指理事諸法之真如本體；用，指應現於外之作用。謂各種體與用，自在相應，互為緣起，無窮無盡。

（10）隨生根欲示現，隨緣常應也，謂聖者隨順各類眾生之根機欲樂而示現化導；如《涅槃經》云：此方見月滿他方見月半，而月實無虛盈。於此通宗常增減而常無增減，以同時相應。

〔註15〕《大正藏》第 45 冊，第 515 頁。

　　《華嚴經》在闡發教理時，常常引用「十對」中的名目，散見於經中各品之中。用以說明林林總總、紛繁複雜的宇宙萬物之間的圓融無礙關係。這十對概念並不是照搬《華嚴經》中的說法，而是智儼在詮釋經典過程中逐步概括、總結和歸納出來的。總之，《華嚴十玄門》中講的這「十對」概念，定義明確、完整，而且未見於其他處，可以說是智儼在總結以往研究成果基礎上提煉出來的。「十會」的提出和運用，豐富了華嚴宗的概念體系。這十對名相，從狹義上講，是概括一切佛法；從廣義上講，是概括一切世間或出世間現象。每一門所講的關係，都是講這「十會」的關係。例如，作為總綱性質的第一門，「同時具足相應門」，就是講這「十會」的「同時」、「具足」和「相應」，也就是講一切佛法，一切世間或出世間現象產生時間沒有先後（「同時」），數量沒有增減變化和遺漏（「具足」），相互依存而不相妨礙（「相應」）。可見，智儼在探索「玄」理原則指導下詮釋經典，不僅繼承了以往華嚴學僧的成果，而且有自己不可替代的創造，使華嚴經學哲學化、概念化的過程不斷深入。

4.2.2 智儼對十玄門的解讀

　　智儼法師在《搜玄記》中只有一處提及「十玄門」[註16]，但也只是列出「十玄門」的名目，並未做進一步的解釋分析。智儼法師把對「十玄門」的闡釋集中到《華嚴一乘十玄門》一文中，對「十玄門」中每一門作以細緻的分析說明。智儼法師「約法以會理」，即從佛教名相概念分析，來探究華嚴玄理。這種「約法以會理」，就是對「十玄門」展開論述。

　　　　　　約法以會理者凡十門
　　　　　　一者同時具足相應門（此約相應無先後說）
　　　　　　二者因陀羅網境界門（此約譬說）
　　　　　　三者秘密隱顯俱成門（此約緣說）
　　　　　　四者微細相容安立門（此約相說）
　　　　　　五者十世隔法異成門（此約世說）
　　　　　　六者諸藏純雜具德門（此約行行）
　　　　　　七者一多相容不同門（此約理說）
　　　　　　八者諸法相即自在門（此約用說）
　　　　　　九者唯心回轉善成門（此約心說）

_____

〔註16〕《大正藏》第 35 冊，第 15 頁。

十者託事顯法生解門（此約智說）〔註17〕

第一同時具足相應門，即具明教義、理事、解行、因果、人法、分際境位、法智師弟、主伴依正、逆順體用、隨生根欲性等十門，同時也。何以教義理事等十門，同時具足呢？良由法界緣起實德法性，海印三昧力用故。〔註18〕智儼法師以「因果」同時為例說明之，今說小乘，即聲聞、緣覺也。小乘說「因果」者，是說因轉變果方成，因滅後果方成，故因果不得同時，在時間上有先後之分。大乘即菩薩乘。大乘雖亦說因果同時，但不彰顯互攝互入重重無盡的道理。認為特定的因成特定的果。譬如造舍之因緣，僅僅成舍，不成餘物。若此一乘通宗明因果則不同，一乘通宗明因果者，如舍成時，一切法皆一時成。若有一法不成，此舍亦不成。例如千里之行始於足下，每一步皆是千里分之一步。若有一步非千里之行，則一切步皆非千里之行。故初一步到，一切步皆到，若有一步非到，一切步皆非到。引經為證。成等正覺不捨初心者，言始終為一，無始則無終。問：若因果同時，即因之時便成果，因即是果，焉得謂不失因果？答如地論云，依緣起有二種義，示現二種時。依因義謂之因時，依果義謂之果時。故雖同時而不失因果。例如水與浪同時，而水為因浪為果。若依水義則為水，若依浪義則為浪。水與浪雖同時，然不失水浪宛然。再者，既言因果同時，已說明有因有果，那得言失？若失者，那得言「因果」同時？因果同時既如此，教義理事等同時亦然。問：今舉因果一事，即得同時相應，其餘教義理事等十門，是否亦同時相應呢？答：何止此十門同時相應，一切法皆同時相應。今但舉十門為例者，乃取其十十無盡耳。若論三種世間，即一眾生世間，二國土世間，三智正覺世間，法法圓融。任取一法，何止具此十門？亦具無盡無量法界虛空法門，如是方成其無盡復無盡之義也。

第二因陀羅網境界門，此是約譬喻明法界緣起。此因陀羅網境界門，亦復具有教義理事等十門。《梵網經》中取梵王殿上寶網為喻，今言因陀羅網，因陀羅即帝釋天主也，網是漢語，故因陀羅網者，是梵漢雙舉。若都譯成漢語，即是「帝網」。此網之相，眾珠所成，故曰帝網天珠。此網珠珠互映，影現重重。一珠現一珠，一珠現千珠，千珠現一珠，千珠現千珠。如是影復現影，重重無盡。猶如多鏡相照，影現重重。一鏡中現千鏡之影，千鏡中現千鏡之影。

〔註17〕《大正藏》第45冊，第515頁。
〔註18〕海印三昧，又名海印定。譬如大海，能印一切萬象，一切萬象皆入海印。猶一水能現波瀾萬狀，波瀾萬狀皆是一水。

如是影復現影，重重無盡。智儼法師在這裡以三種世間為例說明法界緣起重重無盡。三種世間者，智正覺世間、器世間（亦名國土世間）、及眾生世間。今先明智正覺世間，如第七地贊請經云，「於一微塵中，各各有那由他（譯曰億），無量無邊佛於中說法」，此即智正覺世間。經中又云，「於一微塵中，現無量佛國土，須彌山金剛圍山。」金剛圍山，即鐵圍山。此即據器世間說。經中又云，「於一微塵中，現有三界六道一切眾生，鬼畜生地獄，在三惡道受報天人阿修羅，在三善道受報，各不相礙。」此即據眾生世間而說。又云，「如一微塵示現三種世間，一切微塵，亦如是示現。」故於一微塵現三千大千世界（所謂國土者，即三千大千世界），三千大千世界磨為微塵，一一微塵，亦復示現三千大千世界。如是攝入重重，成其無盡復無盡。此即是法界緣起也。問：若此宗明一多相入，不論神力變化，乃言法性自體常如此者，豈不渾然而無分界？既無分界，便無始無終，然則怎樣得分辨因果教義等呢？答：智之用能分別，故隨智分別而有差異。故舉一為主，餘則為伴。猶如帝網天珠，珠珠互映，舉一珠為首，餘珠於中映現。一珠映現如此，一切珠映現亦如是。是故雖自體如是，以智分別，故有因果教義等不同。以一法為主，餘法為伴，法法為主，法法為伴故，所以成其無盡復無盡。而不失因果先後次第，卻體性不動，無有增減。以主伴圓融體無增減故，所以經云，縱使一切眾生盡成佛，佛界不增，眾生界不減。縱使無一眾生成佛，眾生界不增，佛界不減。

　　第三秘密隱顯俱成門，諸法實相，實相無相，故諸法本無相，而相隨緣現。隨此緣則此相顯彼相隱，隨彼緣則彼相顯此相隱。故秘密隱顯俱成門，是約緣起說。此門亦具前教義理事等十門。所言隱顯者，如《月喻品》云，此方見月半，他方見月滿，只是所見不同，而彼月性，無有虧盈。一乘通宗則無此分別見。一乘通宗所見則不同，一乘通宗如實，知一即一切，一切即一，故於一見無量，於無量見一。知常半常滿，隱顯同時，更無別時。如彼月性，常滿而常半，半滿無異時。以一即一切，一切即一故。以一切法隱顯同時故，所以如來於一念中，八相成道。〔註19〕以一切法隱顯同時，生時即滅時故。一切法隱顯同時，故稱秘密。

　　第四微細相容安立門，係就法相說。一微塵即是其小相，無量佛國土須彌山金剛山等，即是其大相。每一小世界，有一須彌山，一佛國土有百億須彌山

〔註19〕佛示現成道，自始至終，有八相狀，謂八相成道。八相者，一、降兜率，二、入胎，三、住胎，四、出胎，五、出家，六、成道，七、轉法輪，八、入滅。

（金剛山或謂須彌山，或謂即鐵圍山）。緣起實德者，隨緣無性也。以隨緣無性，故能無礙自在，致使一切法相容安立。此是法性如是，非是天人造作所安立者也。如於一微塵中，有穢國土，亦有不可說淨國土。以一法攝一切法，一切法入一法故，淨國土不礙穢國土，以穢淨等相，皆緣起無性，故不相妨礙。乃至諸國土形狀各別，有的國土尸羅盆幢形〔註20〕，有的國土三方形，有的國土四維形。同在一微塵中，而彼此不相妨礙。故「普賢品」云，「一切世界入於一微塵中，世界不積聚，亦復不離散。若與普相應，便能於一微塵中，見不可說國土。而諸國土，不雜不亂，不增不減。」因為此一真法界，無形無相而橫遍豎窮，橫遍豎窮而無形無相。是故增一毫則多，減一毫則少。故於一微塵中，有不可說國土，而不雜亂亦無增減。須彌納芥子亦是可為之事。智儼法師又強調了此「相容門」與「因陀羅網門」之不同，如是重重複重重，成其無盡者，便是因陀羅網門中攝。若於一見無量，教義等諸門一時俱顯，而不互相妨礙，便是相容門中攝。

第五十世隔法異成門，約過去現在未來三世而說，即從時間上講。如「離世間品」說，十世是三世的廣說。三世各有三世，例如過去有過去，過去有未來，過去有現在；現在有現在，現在有未來，現在有過去；未來有未來，未來有過去，未來有現在；乃成九世。如是過去未來現在，不出一念，故合為十世。一念為十世，十世為一念，仍是一即無量，無量即一也。如是十世，以緣起力故，相即復相入，不失三世。如五指成拳，而不失五指。十世雖然同時相即相入，而不失十世。文中經云：「過去劫〔註21〕入未來，現在劫入過去，現在劫過去，未來劫入現在。」這裡似有錯誤，應刪去一個「現在劫過去」，這是說三世互入。經又云，「長劫入短劫，短劫入長劫；有劫入無劫，無劫入有劫。」此仍是說相入的道理。經又云，「過去是未來，未來是過去，現在是過去，菩薩悉了知。」此言三世相即。經又云，「無盡無數劫，能作一念頃，非

〔註20〕尸羅盆幢，不見翻譯。或者尸羅盆幢，即尸羅幢。尸羅幢此譯為玉，以清涼寶玉，而造之幢也。尸羅譯為清涼，以清涼玉所為之幢，故曰尸羅幢。

〔註21〕古代印度的時間單位，亦泛指極長的時間。又作劫波、劫跛、劫簸、等。意譯作分別時分、分別時節、長時、大時、時。在印度，通常以之為梵天的一日，即人間的四億三千二百萬年。佛教則視之為不可計算的極長時間。佛典中，常用譬喻表示劫的時間長度。如《大藏法數》卷三十二列舉草木、沙細、芥子、碎塵、拂石等五喻。其中，芥子及拂石最常見於經論中。芥子劫，謂在周圍四十里之城內布滿芥子粒。長壽諸天每三年至此取出一粒。長此以往，一直取至城內芥子完全空無之時，是為一劫。

長亦非短，解脫人所行。」此即是說一念十世，十世一念，一即一切，一切即一的道理。若人證此道理，便得大自在，故曰解脫人所行。所以過去未來現在十世，相入復相即，而不失十世先後長短之相，故云隔法異成門，法有過去未來現在，過去法復有過去未來現在，未來法復有未來過去現在，現在法復有現在未來過去。雖然一切即一，萬重浪唯是一水。然一切法相宛然，如重重浪雖是一水，而不失重重浪，宛然先後差別之相。教義理事等十門，亦復相即相入為一法。雖為一法，而不失先後差別之相。這便稱為隔法異成也。

第六諸藏純雜具德門，所謂諸藏者，約諸度言〔註22〕，即從修行規定方面講。此諸度包括萬行，所以亦可謂萬行純雜具德門也。若以一施門而說，則一切萬法皆悉名施，所以名純。既言一切萬法皆悉名施，當然此施門即具一切萬法，此之謂雜。如是純之與雜，不相妨礙，故名具德。如果踐行「施捨」這一門（施度），那麼他的一切活動都可以稱為「施」，此為「純」；而他在踐行「施捨」這一門時，又完全具備了修行其他一切法門（諸度）的善行功德，此為「雜」。「純」與「雜」不相妨礙，叫作「具德」。這是說明，佛教各法門相互容攝，修行一門，等於修行了一切法門。這是「一即一切」觀點在修行上貫徹。問：此六度相攝義，有何差別？六度相攝者，若說布施，則持戒亦布施，忍辱亦布施，精進亦布施，禪定亦布施，般若亦布施；若說持戒，則布施亦持戒，忍辱亦持戒，精進亦持戒，禪定亦持戒，般若亦持戒。其餘忍辱精進禪定般若，亦復如是。答：六度相攝義者，如果以施攝諸度，而持戒忍辱精進禪定般若，仍維持其本義，不過助成布施而已。故曰諸度非是施。然此門所明者，若以施攝諸門，則諸度無不是施。此門不同六度相攝義。問：此與大品經相資義，有何差別呢？相資者，相藉助也。彼大品經中藉助者，缺一即不成。此門中十數相資，缺一亦不成。彼此二者，有何不同呢？「答：彼言相資者，而能非是所」。

第七一多相容不同門，此約理說，從萬有始終不變的本具理體解說。以事相有別，理體無礙也。以一入多，多入一，故名相容。雖一多互入，然理體無有先後，同時相容。同時相容而不失一多之事相，故曰不同。一多相容者，以理融事，故事相宛然而理體無礙。一多不同者，以事顯理，故理體無礙而事相宛然。故法界緣起者，理事無礙，事事無礙也。以無礙故，所以能一入多，多入一，重重無盡。此即法界緣起實德，非天人所修。此門是從「理」（體）上

〔註22〕度，簡言之即布施淨戒忍辱精進禪定般若六度，廣言之即前六度，復加方便、願、力、智等四度合為十度。此諸度包括萬行。

立言講一多關係，不純就「事」或「相」而言，所以這裡的一多關係是本體與作用、本質與現象的關係。「一入多」，本體產生作用；「多入一」，現象體現本質。由於本體與作用、本質與現象有差別，所以叫「不同」。這裡講本體與作用的不相妨礙，本質與現象的不相妨礙。經云，「一切諸世界，令入一塵中，世界不積聚，亦復不雜亂。」此約器世間而言，謂相容無礙也。餘如須彌入芥子，相容無礙，同理當知。

第八諸法相即自在門，此約用說，從與永恆不變之真體所具有的作用解說。就教義理事等十門，亦復差別而無差別，彼此相即自在。三種世間〔註23〕，雖然其用差別，而體性則同。差別而無差別，圓融無礙自在。故一即攝一切，成其無盡復無盡。以其攝入無盡故，所以相即復相入。猶萬重浪同是一水，重重浪相即復相入也。故諸法相即自在門者。問：此明無盡復無盡，相即復相入。與因陀羅網境界門，及微細相容安立門，有何不同呢？答：如譬說同體門，即因陀羅網境界門也。同體門所說者，係就隱映相應互相顯發，論其重重複重重，成其無盡也。帝網天珠，珠珠相映，此珠攝彼珠，則彼珠入此珠。彼珠攝此珠，則此珠入彼珠。如是珠珠互攝互入，重重複重重，成其無盡也。若論微細相容安立門，則教義理事等諸門，一時具顯，而不相妨礙，即相容門中攝。此眾生、國土、智正覺三種世間，雖顯用不同，然以同體故，乃得圓融無礙自在。如一水起萬重浪，以同為一水故，所以重重浪圓融無礙自在。萬重浪雖為一水，而不失重重浪先後因果。雖重重浪各有先後，然仍是一水，故相即相入，成其重重無盡。以先後相即復相入，故初發心時便成正覺。如一水成萬重浪，以萬重浪同是一水故，重重浪相即復相入故，所以初浪便同最後浪。諸佛如來，雖知初發心即成正覺，然不住初發心位，猶久修善根也。故今舉一念成佛者，即與佛同時，以因果相即相入故。不過行位未見究竟耳，故有深淺之差別。如有人方始出門，與久遊他土之人，雖同在一虛空中，而有遠近之差別。虛空雖然為一，然有十方之殊，雖有十方之殊，而虛空為一，即此理也。是故信住行向地等覺等位，各各皆言成佛，雖然成佛是一，而復辨其行位之淺深。

第九唯心迴轉善成門，此約心說，從「心」體上講一切佛法的由來及其轉化。所言唯心迴轉者，前義教理事等諸門，並是如來藏性清淨真心之所建立。如來藏性清淨真心，亦名自性清淨心。此心自性清淨，清淨隨緣成萬法，萬法緣成，故仍歸一道清淨。故如來藏性清淨真心建立萬法，則無來無去，來而無

〔註23〕三種世間者，眾生世間，國土世間（器世間），智正覺世間。

來，去而無去。如是方成一乘教義。所以若善若惡，隨一心而回轉，故云回轉善成。以唯一心建立，心外更無別法，故言唯心。所謂心外無別境者，境即法也。若順心性而轉，即便名涅槃，故經有云，心造諸如來。若違逆心性而轉，便是生死。故經有云，「三界虛妄唯一心作」，生死涅槃，無有定性，皆不出心之所轉。自性清淨心，即是佛性。故涅槃經云，「佛性非淨，亦非不淨，淨與不淨，皆唯心轉。順轉則淨，逆轉則不淨。故離心更無別法。」故楞伽經云，「心外無境界，無塵虛妄見。」〔註24〕若論如來藏性真實淨心說者，自性清淨，無性隨緣，則空即有，雖有而不礙空，以全空成有故。隨緣無性，則有即空，雖空而不礙有，以全有成空故。此物有即空，故不動本處。此物空即有，故體應十方。此物性空隨緣，故雖性恒常，而能轉移十方。縱隨緣轉移他方，而性恒常不動本處。此無性隨緣，隨緣無性，即緣起自在力，非是變化幻術所為。

　　第十託事顯法生解門，此約智說，此門從智的角度講。託事者，即託事顯理也。如經舉金色世界之事〔註25〕，舉其事即顯始起於實際之法。一切事相，皆真如理體之所顯現。一切幢一切蓋等事，是行體也。體者，事相之所依，體不變而現一切幢一切蓋等事相。體一而事相無量，無量事相總歸一體。此中一乘緣起，全事即理，全理即事，故隨舉一事，即攝法重重無盡。故前文舉旛幢（蓋）等，皆是言一切也。所以一乘不同大乘。此十玄門明因果者，是一乘說。一乘說因果者，說因一切因，說果一切果。例如全水即浪，全浪即水，水為因浪為果，說水一切水，說浪一切浪。此即一乘因果也。

　　以上所說「十玄門」是智儼在《華嚴一乘十玄門》所列舉出的十種玄妙之門，並且予以解釋說明，其實這十個原理只為說明一個大原理，這就是「一真法界」的原理，十玄是這一原理的詳說，此十玄門各具教義、理事、解行、因果、人法、分齊境位、法智師弟、主伴依正、逆順體用、隨生根欲性等十義，總成百門，以顯示重重無盡之義。以說明法界大緣起具有事事無礙法界的特徵，因其相即相入，故在空間上，處處只見具足，時時只見同時。這是同時具足，無時無處莫不相應。這就是同時具足相應門，也是十玄緣起的總義。只是第二是以比喻來解說；第三是從因緣條件生成解說；第四是從所顯現之現象來解說說；第五是從時間上講，過去現在未來三世而解說；第六是從修行規定方面解說講；第七是從萬有始終不變的本具理體解說；第八是從與永恆不

〔註24〕塵者六塵也，一切法幻現本空，曰無塵。六根取六塵者，皆眾生虛妄見也。
〔註25〕金色世界，乃文殊菩薩淨土之名。

變之真體所具有的作用解說；第九是離一切之妄染的自性清淨的本有之心；第十是從佛的智慧解說。

4.3 法藏等對智儼十玄說的繼承與發展

　　法藏對智儼的十玄門一說，加以繼承和發展，由於智儼和法藏的立說不盡相同，為了表示彼此的區別，一般將法藏繼承智儼的十玄門及智儼所述十玄門，稱為古十玄，而《探玄記》中有所創新，稱之為新十玄。下面就智儼著作中的十玄門與法藏著作中的十玄門分別列出，對比一下。

智　儼	《搜玄記》	《華嚴一乘十玄門》
第一門	同時具足相應門	同時具足相應門
第二門	因陀羅網境界門	因陀羅網境界門
第三門	秘密隱顯俱成門	秘密隱顯俱成門
第四門	微細相容安立門	微細相容安立門
第五門	十世隔法異成門	十世隔法異成門
第六門	諸藏純雜具德門	諸藏純雜具德門
第七門	一多相容不同門	一多相容不同門
第八門	諸法相即自在門	諸法相即自在門
第九門	唯心回轉善成門	唯心回轉善成門
第十門	託事顯法生解門	託事顯法生解門

法藏	《華嚴一乘教義分齊章》	《華嚴金師子章》	《文義綱目》	《探玄記》
第一門	同時具足相應門	同時具足相應門	同時具足相應門	同時具足相應門
第二門	一多相容不同門	諸藏純雜具德門	因陀羅網法界門	廣狹自在無礙門
第三門	諸法相即自在門	一多相容不同門	隱密顯了俱成門	一多相容不同門
第四門	因陀羅網境界門	諸法相即自在門	微細相容安立門	諸法相即自在門
第五門	微細相容安立門	秘密隱顯俱成門	諸藏純雜具德門	隱密顯了俱成門
第六門	秘密隱顯具成門	微細相容安立門	十世隔法異成門	微細相容安立門
第七門	諸藏純雜具德門	因陀羅網境界門	一多相容不同門	因陀羅網法界門
第八門	十世隔法異成門	託事顯法生解門	諸法相即自在門	託事顯法生解門
第九門	唯心回轉善成門	十世隔法異成門	唯心回轉善成門	十世隔法異成門
第十門	託事顯法生解門	唯心回轉善成門	託事顯法生解門	主伴圓明具德門

可以看出，智儼在《搜玄記》與《華嚴一乘十玄門》中所提出的十玄門前後完全一致，無論是十玄門的名稱還是次序並無絲毫差別，而法藏在《華嚴一乘教義分齊章》、《金師子章》、《文義綱目》、《探玄記》中所提出的十玄門是有所區別的，初一看上去，似乎有很大的不同，其實並無實質性差別，只是次第有所變化而已。在《華嚴一乘教義分齊章》、《金師子章》、《文義綱目》中所設立的十玄，明顯是繼承智儼的十玄門而來，就是順序有些變化。此外在《文義綱目》中將「因陀羅網境界門」改為「因陀羅網法界門」，只是改動一個字，而內容大體一致。在《探玄記》所記載的十玄門，從其名稱與排列的順序來看，與前面所說十玄門是有一些區別。除了順序次第不同之外，有七門完全相同，而在另外三門中，有一門只是名稱上較有變化，即「因陀羅網境界門」，改為「因陀羅網法界門」，而內容相似。至於其餘二門，內容與其名稱，則完全不同。將「諸藏純雜具德門」改為「廣狹自在無礙門」，將「唯心回轉善成門」，改為「主伴圓明具德門」。

華嚴宗四祖的清涼，在所著《華嚴經疏鈔》裏沿襲了法藏《探玄記》的十玄說，而且用蓮花之葉或一微塵作譬喻來說明它，以譬喻說明，也更為好理解。如「第一同時，好像一滴海水便具備百川的滋味。第二廣狹，好像一尺鏡子裏見到千里的景致。第三一多，好像一間屋內千盞燈光的交涉。第四諸法，好像金黃的顏色離不開金子。第五秘密，好相片月點綴天空有明也有暗。第六微細，好像琉璃瓶子透漏出所盛的芥子。第七帝網，好像兩面鏡子對照著重重影現。第八託事，好像一夜的夢便彷彿自在地過了百年。第十主伴，好像北極星的所在被眾星圍繞著。這些譬喻雖屬簡單，但是十玄的要點也可以想像得之了。」〔註26〕此外在華嚴宗的宗外名家李通玄所撰《新華嚴經論》中也散說十玄，又在《華嚴經決疑論》中列舉。李通玄原有關於十玄六相的專著，但是已經散佚不傳，只在《華嚴經決疑論》卷一中說到：「一同時具足相應門，二一多相容不同門，三諸法相即自在門，四天帝網影像重重互參無礙門，五微細相容安立門，六秘密隱顯俱成門，七諸蓮華藏純雜俱會無障門，八三世圓融互參相入門，九唯智同別自在門，十託事顯法生解門，《華嚴經》有此十事大體，顯無盡法，以智觀之可見。」〔註27〕從這些名稱看來，是把智儼、法藏相承的十玄名稱略加修訂、次第也略加改動而成。至於十玄的涵義，李通玄沒有加以

〔註26〕呂澂，《中國佛學源流略講》，北京：中華書局，2006 年第八次重印，第 363 頁。
〔註27〕《大正藏》第 36 冊，第 1018 頁。

說明，只在陳述六相圓融義之後說「如十玄門，義亦如是。」〔註28〕就是說十玄無礙義，可以由六相圓融義類推，也就是說十玄，不外乎闡明圓融法界無盡緣起。

小結

所謂十玄門即是從十個方面來說明法界緣起之「重重無盡、圓融無礙」理論。華嚴宗二祖智儼大師根據《華嚴經》解釋緣起法相的十個說法，在此基礎上首先提出了「十玄無礙」之說。這很好的解決了一與多的關係，無論是在空間的、時間的或事實的立場上，其內涵無不是克服對立，主要是說明緣起法之間互為條件、互相包含、相即相入、圓融無礙的關係，從而立此十玄門。儘管有古十玄與新十玄兩種說法，但無論古十玄或新十玄，其一一之法門均須透過具體之事物或法理，方能說明現象界之間各種圓融玄妙關係之相狀。十門相即相入，主伴具足，重重無盡，事事無礙。華嚴別教的顯著特點就是在一切事法與事法相互之間互即的融貫性，在重重無盡無礙熔融的事法體系的當中而能即見其法界緣起。即以事事無礙，重重無盡的理論是事與事的相即相入為組織體系。事實上，十玄只是說明緣起的無盡關係而已，可說是《華嚴經》、華嚴宗的特別之處。

〔註28〕《大正藏》第 36 冊，第 1018 頁。

第 5 章　智儼的法界緣起思想

緣起說是佛教標誌性的特徵，在「此有故彼有」、「此無故彼無」的相生相滅的基本原理下，佛教的整個世界觀、人生觀、認識論等理論得以形成。而在佛教的發展史中，從業感緣起、賴耶緣起、如來藏緣起，到華嚴宗提出的法界緣起，種種理論不斷提出，但都不離其核心詞彙「緣起」。法界緣起說是華嚴宗有別於其他宗派的獨特教理，故而華嚴宗又稱「法界宗」。從華嚴宗發展史的角度看，智儼最早系統論述了法界緣起理論。

5.1　緣起的淵源

佛祖在菩提樹下悟入世間的緣起而得無上正等正覺。從這個觀點看來，佛教根源於緣起論的思想。這是人生世間的真理，亦是佛教對人生及整個世界的總體看法和根本認識。「緣起法」被認為是絕對、常住、永恆的，不管諸佛出世與否，不管佛教存在與否，它是客觀的、宇宙的、理性的真理。緣起說即佛教的根本說，而緣起亦可視為佛法。此在原始經典中亦曾見及。如「見緣起即見法，見法即見緣起」及「見緣起即見法，見法即見佛」。從原始佛教到大乘佛教，從印度佛教到中國、日本的佛教。幾乎所有的佛教，都是以緣起說為中心思想。故如能充分理解緣起說，即可瞭解佛教。緣起說也是佛教與其他宗教、哲學不同的地方，它是佛教獨有的特徵。

5.1.1　緣起大意

緣起的意思是事物之待緣而起。緣，意為關係或條件，所謂緣起即諸法自

緣而起；宇宙間一切事物和現象的生起變化，都有相對的互存關係或條件。《中論疏‧十》末曰：「緣起者體性可起，待緣而起，故名緣起。」《俱舍論‧九》曰：「諸支因分，說名緣起，由此為緣能起果故。諸支果分，說緣已生，由此皆從緣所生故。」一切諸法（有為法），皆因種種條件（即因緣）和合而成立，此理稱為緣起。即任何事物皆因各種條件之互相依存而有變化（無常），為佛陀對於現象界各種生起消滅之原因、條件，所證悟之法則，如《阿含》經典多處所闡明之十二支緣起，謂「無明」為「行」之緣，「行」為「識」之緣，乃至「生」為「老死」之緣。「緣起的定義，是『此有故彼有，此生故彼生』。簡單的，可解說為『緣此故彼起』。任何事物的存在──有與生起，必有原因。『此』與『彼』，泛指因果二法。表明因果間的關係，用一『故』字。彼的所以如彼，就因為此，彼此間有著必然的『此故彼』的關係，即成為因果系。此為因緣，有彼果生，故緣起的簡單定義，即是緣此故彼起。在這『此故彼』的定義中，沒有一些絕對的東西，一切要在相對的關係下才能存在，這是佛陀觀察宇宙人生所得的結論。也就因此，悟得這一切不是偶然的，也不是神造的。佛陀的緣起觀，非常深廣，所以佛說：『此甚深處，所謂緣起。』（《雜含》卷十二‧二九三經）如上面所揭出的三句：果從因生，事待理成，有依空立，都依緣起而說的。佛陀先觀察宇宙人生的事實，進一步，再作理性的思辨與直觀的體悟，徹底的通達此緣起法。緣起法不僅是因果事象，主要在發見因果中間的必然性，也就是悟得因果的必然秩序。這緣起法，佛說他是『非佛自作，亦非餘人作』，這是本來如此的真相。愚癡的凡夫，對於世間的一切，覺得紛雜而沒有頭緒，佛陀卻能在這複雜紛繁中，悟到一遍通而必然的法則。觀察到有情在無限生死延續中的必然過程，知道一切有情莫不如此，於是就在不離這一切現象中，得到必然的理則，這即是緣起法。」〔註1〕原始佛教區別出兩個概念：「緣起」與「緣生法」（亦譯緣已生法）。前者是從理法的意義上講，成為一個因果原則；後者是從現象的意義上講，發現每一個現象都是因果關係下的存在，所以說一切法因緣生。這也是前者的應用。緣起是理法，作為理法，它是有客觀性的、普遍性的，所以佛教認為：「若佛出世、若未出世，此法常住。」（《雜阿含經》二九六）佛祖的偉大，不過在發現它、證實它，並將它開示顯發給眾生。佛亦由此而成，緣起之理乃佛陀成道之證悟。萬有皆係

〔註 1〕印順，《佛法概論》，北京：中國佛教文化研究所出版，1990 年 10 月第二次再版，第 143～144 頁。

相互依存，非有獨立之自性，以此解釋世界、社會、人生及各種精神現象產生之根源，建立特殊之人生觀與世界觀，成為佛教異於其他宗教、哲學、思想之最大特徵。

5.1.2　四類緣起

在佛教發展史上，共有如下的五種緣起說：說一切有部（俱舍宗等）的業感緣起論，瑜伽行派（唯識法相宗）的阿賴耶識緣起論，法性宗（大乘起信論）的如來藏緣起論（或真如緣起論），華嚴宗的法界緣起論（重重無盡緣起論），真言宗的六大緣起論等。下面主要是業感緣起、阿賴耶識緣起、如來藏緣起、法界緣起的大略內容。

5.1.2.1　業感緣起

這是佛教最早的緣起理論，亦即是原始佛教的主要緣起理論思想。謂世間一切現象與有情之生死流轉，皆由眾生之業因所生起者。「業」是指有情之身語意日夜所造作之善惡事。有情在行事之後，其力用並不消滅，是可招感結果的。善業招感可愛之果，惡業則獲苦果。世間眾生被無明煩惱（惑）所障，帶動其身、口、意造善、惡、無記三業，由此感得生命的流轉不息輪迴六道（苦）。眾生之有生死轉回，由惑、業、苦而起。以惑、業、苦三者展轉因果相續，而有眾生的生死輪迴。此三者之中，以煩惱（惑）為緣，而造作身、語、意三方面惡業。以此惡業為因，召感未來生死的果報。這三者互為因果，因果相續，展轉循環，即構成業感緣起。惑為心之病，業為身之惡，苦為生死之果報。心之病為緣，而造身之惡，身之惡為因，而感生死之果，故稱之為業感緣起。例如有人起嗔恚，是惑也。由之而終至引刀殺他，是業也。此業自牽引未來之苦果，是一具之緣也。而感了未來之苦果，則於其苦果之身，更起惑造業，招他世之苦果，是亦一具之緣起也。有情眾生之果報有正報與依報之別，正報中有美醜、智愚等諸種差別，依報中有山川、草木等差別。此等果報之苦厭樂愛，千態萬狀，一一皆由業力之所感。如輪環玉者，生死輪迴之相也。故溯之則過去永永更無生之始，趁之則未來漫漫更無死之終。有情眾生以身、語、意，日夜造作，所行善惡諸事雖於剎那間即幻滅，然所造之業必於現世或來世招感相應之結果；即因各類業力之複雜關係，遂形成此世界千差萬別之現象。解釋此等差別世界之一切現象，即十二緣起。原始佛教提出的三世因果以及十二因緣理論即是在說明此道理，故業感緣起為小乘之緣起觀，與之相

對應的即是小乘教。在大小乘中亦談及業感是萬象之緣起，業感緣起論者，則專以業力為緣起之本源。

若問此惑、業、苦三法從何生來？則答於業感緣起之次，有賴耶緣起也。

5.1.2.2 賴耶緣起

賴耶緣起是瑜伽行派、唯識宗的主要思想理論。阿賴耶意譯為「藏」，意即微細不可知之一大藏識，「阿賴耶」有「藏」的功能，同時也是「種子」的含意。阿賴耶識為一切有情之根本所依，一切千差萬別的現象，皆由此識所攝持的種子所生起，種子分為兩種：一為名言種子，二為業種子。「名言種子」展開客觀世界，「業種子」招感苦樂的主觀世界。「阿賴耶識」成為色、心二法的統一本體，又是一切種子的保存者，以「種子生現行，現行薰種子」互為因果，而展轉於輪迴。唯識宗學又把種子分為新薰種子和本有種子兩大類。由阿賴耶識之「種子起現行」，即阿賴耶識裏所具有的本有種子待時機成熟遇到外緣而發動身、口、意造種種業。此稱為「種子起現行」。於此同時，「現行又薰種子」，即本有種子所起之現行又產生新的業種子，此新薰種子又藏於阿賴耶識中，此稱為「現行薰種子」。種子起現行時，種子是因，現行是果；現行薰種時，現行是因，受薰的新種子是果。這就是『種子生現行，現行薰種子，三法展轉，因果同時。』本有種子、現行、新薰種子等三法之輾轉相生永不停息，這種展轉生起萬法的作用，就是賴耶緣起。以現行諸法為緣，生煩惱惡業而招感苦果，三世因果輾轉相續，故稱為阿賴耶識緣起。此為大乘始教之緣起觀，與之相對應的是大乘始教。由以上可清楚的知道原始佛教的三世因果之「惑」即阿賴耶識所收藏的本有種子。「業」即阿賴耶識所收藏的本有種子起現行造種種業。「苦」即現行又薰新的種子留在阿賴耶識裏面。由此可看出三世因果相之惑、業、苦三法，皆由吾一心緣起者，皆是由吾人之阿賴耶識一心所變現，賴耶緣起之功也。

更進一步，而謂賴耶心又由何而生？若謂由前七識而生，則更說賴耶與前七識皆由何而生？豈有答之之辭耶？此所以於賴耶緣起之次，有如來藏緣起也。

5.1.2.3 如來藏緣起

如來藏緣起又名真如緣起。如來藏緣起係指由如來藏之自性清淨心，即一昧平等之真如，而為無始無終不增不減之實體者，為染淨之緣所驅，生種種之法也。其實體有真如門，生滅門之二義，以真如門故，為一昧平等之體，以

生滅門故，由染緣而現六道，由淨緣而出四聖。於此有三法：一真如之體。二生滅之相。三因緣之用。真如之體為因，因緣之用為緣，因生生滅之相。而其生滅之果，即現行之賴耶識也。主要依據《大乘起信論》所說真如、如來藏為主，說明本心的相狀，於此「如來藏」而開展萬法，並以三細（無明業相、能見相、境界相）、六粗（智相、相續相、執取相、計名字相、起業相、業繫苦相）作詳細解說。如來藏心中，受無明的風吹起，即現起主、客觀的對立，此為三細；再以客觀的認識與主觀的執著，相互交集，因之而受對立外境的束縛，由此引起生滅的苦惱，此為六粗。《起信論》中，由一心開真如、生滅二門，說明流轉、還滅關係，對治無始以來的生死根本，還歸於不生不滅的「如來藏」。謂眾生心識之阿賴耶識雖為發動宇宙一切現象之本源，然溯其根源，則為含藏真如之如來藏心；諸法系真如由無明之緣而起動，猶如海水本自湛然，然由風之緣而產生千波萬浪，翻騰不已。《大乘起信論》將如來藏一心開為二門。即是指心真如門和心生滅門。就真如門而言，是從如來的果位上說，如來藏本自清淨乃一味平等之體；就生滅門而言，是從如來之因位上說，如來藏由染緣而現六道，由淨緣而出四聖。於此有三法：真如之體、因緣之用、生滅之相。真如之體為因，因緣之用為緣，而現生滅之相。由此三法而得生滅之果，即現行之賴耶識也。如論云：「心生滅者，依如來藏故有生滅心，所謂不生不滅，與生滅和合，非一非異，名為阿黎耶識。」阿賴耶識為染淨之所覆蓋不得脫離。此即是如來藏緣起。為大乘終教之緣起觀。與之相對應的是大乘終教。

　　賴耶識由如來藏而生，而如來藏更不可詰問從何而生，何則？以如來藏體為真如，更有所生，即非真如也。而如是一切萬法為由一如來藏變造者，則論其萬法，互相融通，可為一大緣起。是法界緣起也。四法界緣起。謂法界之事法，有為無為，色心依正，過去未來，盡成一大緣起，更無單立者。故以一法成一切法，以一切法起一法。以他語言之，則所謂萬有緣於萬有而起者，是法界緣起之義也。

5.1.2.4 法界緣起

　　由上可知如來藏體為真如，若更有所生即非真如；而如是一切萬法為由一如來藏變現者，則論其萬法互相融通，可為一大緣起，此即稱法界緣起，緣起之義理即窮極於此，乃為華嚴一宗之特色。華嚴宗基於華嚴經所說，法界緣起為華嚴教義之緣起觀，又做法界無盡緣起、十十無盡緣起、十玄緣起、無盡

緣起、一乘緣起。此說是以現象界的一切法，都屬法界，法界之一切事法，無論有為無為，色心依正，過去未來等，盡為一大緣起，而無任何單獨存在者，故以一法成一切法，一切法成一法，主伴具足，相入相即，並存無礙而重重無盡。屬四法界中事事無礙法界之內容。華嚴宗主張，千差萬別之現象界，其法性具有實體，亦即緣起之諸法悉為實體，現象之外無有實體，實體之外無有現象，此即法界之實相。法界之形成，係以一法而成一切法，以一切法而起一法，是故一關係著宇宙之一切（一即一切），一切亦含攝於一之中（一切即一）。如是法界之一與一切互為主從，相入相即，圓融無礙而重重無盡。就諸法之勢力而言，具有一多相入之義；就諸法之體性而言，具有一多相即之義。華嚴宗以此相入相即之義，闡釋萬法相互融通，法界萬有相融無礙之至理。法界緣起可分為染、淨二方面來說明。染法緣起，係說明迷界之緣起，乃真如無力而無明（迷）有力之狀況；淨法緣起，則說明悟界之緣起，即真如有力而無明無力之狀況。華嚴教義中，更進一步詳細發揮法界緣起者，另有所謂三性一際、因門六義、六相圓融、四種法界等要旨。華嚴宗之教理係以『緣起』為主，而於所判立五教之中，除頓教外，分別各說一緣起，即：於小乘教說業感緣起，於大乘始教說賴耶緣起，於大乘終教說如來藏緣起，於圓教說法界緣起。而唯獨頓教因是無相離言之宗，不更涉教相之教，故無緣起之說。

5.2 智儼的緣起觀

　　緣起為公認的佛門基本教義，受到所有佛教派別關注。而要認識某佛教思想家對存有和對解脫的看法，一個最簡捷可行的方法，便是從其緣起觀入手。這點於智儼也不例外。智儼在二十七歲就寫作了《搜玄記》，以此疏釋《華嚴經》。其中詮釋一經之宗趣分「總」和「別」兩門，在智儼看來，「總謂因果緣起理實為宗，趣別有四門。」〔註2〕智儼的教學以《華嚴經》為本據，而他以為《華嚴經》的整體旨趣，在發明跟「因果」問題有關的「緣起」道「理」的真「實」意義，可見對緣起問題的重視。

5.2.1 《搜玄記》中緣起說

　　智儼述說「緣起」主要集中在《搜玄記》中，智儼在《搜玄記》中曾說到，

〔註2〕《大正藏》第35冊，第14頁。

有「十義」甚深，〔註3〕其中第一甚深就是「緣起甚深」，為何「緣起甚深」為十義甚深之首，智儼解釋到「初緣起者由菩薩初學應先觀諸法如實因緣故也。」可見初學都應先認識到諸法如實的因緣。智儼在《搜玄記》中疏釋「明難品」亦如從前品，亦有五門分別，一釋品名，「明十義深微故也」「論難顯義情故也。」又「明者教。難者十義。又明者智。難者論道也。」可見，「明難品」就是明此「十義」深微，難者亦是此「十義」，此品是以明十深義為宗旨，「緣起甚深」為初，智儼在這裡解釋緣起為「緣起者黎耶共善等三性及無為集起故也。」〔註4〕三性指的是「善」、「惡」、「無記」三性的差別，緣起是阿賴耶識與善、惡、無記三性及無為共同集起的原因。阿賴耶識裏所具有的本有種子待時機成熟遇到外緣而發動身、口、意造種種業，即「種子起現行」。由於華嚴闡釋「一乘圓教」之理，所以不單說「有為」法緣起，還要說明「無為」法緣起，說到「無為」，這就把一切有為法的源頭指出來，一切有為法都是由「無為」即「真如實體」所產生，所以是「緣起甚深」。

《華嚴經》以「十地品」述說緣起最詳，「十地品」把菩薩修行階次分為十地，其中第六「現前地」的修行，主要是對十二支緣生法作十種觀。《搜玄記》在分釋這十種觀前，總釋其義，說到：「依大經本，法界緣起乃有眾多，今以要門，略攝為二：一約凡夫染法以辨緣起、二約菩提淨分以明緣起。」〔註5〕華嚴宗人視「法界緣起」為真實緣起，真實緣起有眾多方面，智儼在這裡略分為二：一是「凡夫染法」方面，二是「菩提淨分」方面。前者是有關染污法的生起，後者是有關清淨法的生起；這兩方面的生起構成了「緣起」。智儼進一步對「染法」和「淨分」這兩方面的緣起作出分析。首先在「淨分」方面有四門分別，即「淨門者要攝為四，一本有，二本有修生，三修生，四修生本有」。

5.2.1.1 本有門

> 言本有者，緣起本實，體離謂情，法界顯然，三世不動。故性
> 起云：眾生心中有微塵經卷，有菩提大樹，眾聖共證。人證前後不

〔註3〕 具體參考：《大正藏》第35冊，第28頁。一緣起甚深。二教化甚深。三業果甚深。四佛說法甚深。五福田甚深。六正教甚深。七正行甚深。八助道甚深。九一乘甚深。十佛境界甚深。

〔註4〕 《大正藏》第35冊，第28頁。

〔註5〕 《大正藏》第35冊，第62頁。

同，其樹不分別異，故知本有。又此緣生文十二因緣即第一義。〔註6〕

在這裡「本有」是「緣起本實」，是緣起的根本，是最為究極的真實，其自體是遠離所有言謂情執，不會隨著時間的改變而遷動。智儼還引用《華嚴經·如來性起品》的譬喻，表示這究極真實自體亦即是眾生心中所原來具有的覺性；所有眾生都具有此同一的覺性，「眾聖共證」只是證得覺悟的時分前後有所不同。

5.2.1.2 本有修生門

> 言本有修生者，然諸淨品本無異性，今約諸緣，發生新善。據彼諸緣，乃是妄法；所發真智，乃合普賢。性體本無分別，修智亦無分別，故智順理，不順諸緣。故知修生即從本有，同性而發。故性品云：名菩提心為性起故。問本有修生既是新發義，非是舊。云何乃說從其本性，答此品為是新生之義說是修生，與本義親。故從性起。如今谷不別劫初，順本谷親。對今緣疏故。不說新得，此思可解。〔註7〕

「本有修生」是以「本有」的究極真實為本緣，「生」起清淨法。究極真實是諸清淨品法的聚合，清淨品法本來是沒有差異性的。當究極真實應會諸外緣時，又發生新的善法，如真實智。「外緣是虛妄的，正如究極真實為無分別相一樣。從真實智本性跟究極實理相順，而不跟虛妄的外緣相順，可見它是「本有」的究極真實本性發用的結果，以究極真實為本因。」〔註8〕《華嚴經·如來性起品》中說「菩提心為性起」即具有「本有修生」之意。本有修生是新發義，從其本性，此品為是新生之義說是修生，與本義親。故從性起。

5.2.1.3 修生門

> 修生者，信等善根先未現前，今對淨教，賴緣始發，故說新生。〔註9〕

可以看出，「修生」是指受到清淨教等外緣薰發，從而新生起的諸無漏善根，如信等善根。

〔註6〕《大正藏》第 35 冊，第 62～63 頁。
〔註7〕《大正藏》第 35 冊，第 63 頁。
〔註8〕廖明活，〈智儼的「緣起」和「性起」思想〉，《佛學研究中心學報》，1997 年 7 月第 2 期，第 57～58 頁。
〔註9〕《大正藏》第 35 冊，第 63 頁。

5.2.1.4 修生本有門

> 修生本有者，其如來藏性，隱在諸纏。凡夫即迷，處而不覺。
> 若對迷時，不名為有。故無相論云若有應見。又依攝論云有得不得
> 見不見等故也。今得無分別智，始顯法身在纏成淨。先無有力，同
> 彼無法。今得成用，異本先無，故不可說名為本有，說為修淨。問
> 若說始顯為修起者名曰修生。云何說顯。答只為是顯修生門中義成
> 本有。先在迷心，不說體用，今時始說有彼法身。故知與彼新生是
> 親，先有義疏。〔註10〕

這裡所說的「如來藏性」，作為究極真實之覺性，即「本有」門所提及的「覺性」。是一切眾生所「本有」，凡夫在迷，其「覺性」為煩惱所隱蔽，需要經由「修生」，才能顯現為法身。所謂「修生本有」，乃是說以「修生」的無漏善法為本緣，顯現「本有」的覺性。覺性於隱蔽時，不被覺察，沒有力用，就像不存在一樣，故「不名為有」，「不可說名為本有」，又表示由覺性顯現而見的法身是「新生義親，先有義疏」。

智儼法師在闡明「淨分」緣起後，繼而解說「染法」緣起，「第二染法分別緣生者，有二義，一緣起一心門、二依持一心門。」智儼法師在這裡又把「緣起一心門」分為三門：初真妄緣集門、二攝本從末門、三攝末從本門。

5.2.1.4.1 真妄緣集門

> 言緣集者，總相論十二因緣，一本識作，無真妄別。如論說依
> 一心法，有二種門，以此二門不相離故。又此經云唯心轉故。又如論
> 說：真妄和合，名阿梨耶。唯真不生，單妄不成；真妄和合，方有所
> 為。如夢中事，知與睡合，方得集起。此是真妄緣集之門。〔註11〕

真妄緣集一門即總說十二因緣法，這是為本識所作；本識即是《華嚴經》「一切從心轉」中所提到的「心」及《大乘起信論》所提及的「阿梨耶識」。這本識為真妄的和合；而所謂「真」「妄」、分別即是《大乘起信論》所說那眾生心的「心真如門」和「心生滅門」。正因為本識和合真、妄兩門，它方能興作十二支緣生法，正如知覺與睡眠合，遂集起夢中景象。

5.2.1.4.2 攝本從末門

> 攝本從末者，唯妄心作。故論云名種子識及果報識，對治道時，

〔註10〕《大正藏》第 35 冊，第 63 頁。
〔註11〕《大正藏》第 35 冊，第 63 頁。

本識都盡。法身流轉五道，名為眾生；隨其法處，成其別味，法種
眾苦。如此非一，故知攝本從其末也。問當隨染時，為即染也。為
由是淨，答體是淨，本復是淨，不可名隨，故知染時不可為淨。若
爾者，不應說言依如來藏，有生滅心，應但是單生滅。今言相依。
如此說者，是有智人染淨雙證，故作是說，非局染門。〔註12〕

「攝本從末者，唯妄心作」，可見在「本識」之真、妄兩方面中，妄的方
面為末。若從「末」的角度觀十二支緣生法，則它們皆是妄心所作，而所謂
妄心，亦即《攝大乘論》所說的「種子識」「果報識」，為修習正道所對治的對
象；而對治的最終結果，是妄心完全消滅。法身為無量煩惱所纏，以至無始時
來，生死輪轉不斷。這樣妄心的來源，是法身流轉五道，形成妄心，以至眾
苦，亦即是說妄心及眾苦是依如來藏而有，以如來藏為本據。從上面引文的
問答亦可看才出，在這裡討論了染法的由來問題，批評了染法不可以淨法為
「體」的看法；有智慧的人是「染淨雙證」，於染心外，更證見有淨本。而從
其引用《大乘起信論》「依如來藏，有生滅心」的話為證言，可見其心目中的
淨本，還是如來藏。

5.2.1.4.3 攝末從本門

攝末從本者，十二因緣唯真心作，如波水作，亦如夢事唯報心
作，以真性故。經云：五陰、十二因緣、無明等法，悉是佛性。又此
經云三界虛妄，唯一心作。論釋云第一義諦故也。〔註13〕

「攝末從本者，十二因緣唯真心作」，可見在本識的真、妄兩方面中，是
以真的方面為本。從本的角度觀十二支緣生法，則它們皆是真心所作，如波浪
是水所作、夢境是報心所作。而所謂「真心」，亦即《涅槃經》所說的「佛性」、
《華嚴經・十地品》「三界虛妄，唯一心作」中所言及的「一心」、及《十地經
論》在解釋這兩語時所提到的「第一義諦」，此「真心」即是如來藏。

智儼在闡釋「染法」緣起之「緣起一心門」後，對「依持一心門」加以簡
要的論述。「二依持一心門者，六、七等識，依梨耶成。故論云：十二緣生，
依梨耶識。以梨耶識為通因故。」〔註14〕這裡「依持一心」一門顯示前六識、
第七識、以至十二支緣生法，「通」是以阿梨耶識為「因」，依阿梨耶識而形

〔註12〕《大正藏》第35冊，第63頁。
〔註13〕《大正藏》第35冊，第63頁。
〔註14〕《大正藏》第35冊，第63頁。

成。這一門跟「緣起一心」一門的分別，即「上緣起一心，染淨即體，不分別異；此依持門，能所不同，故分二也。」〔註15〕「緣起一心」和「依持一心」二門同是指染法緣起，只是兩者著眼處有所不同，前者顯示「染」「淨」即是阿梨耶心體的兩面，染法在現實上與阿賴耶心體不相離；後者顯示阿梨耶心體和染法之間存在著「能」生和「所」生的關係，兩者本質上為不同層面的存在。染法緣起處理了十二支緣生法形成的問題，亦即是輪迴存有之所以產生的問題。智儼把輪迴生死之產生，歸因於阿梨耶識的活動；而智儼所理解的阿賴耶識，又有真「本」和妄「末」兩方面，其真本方面即是真心、亦即是佛性、如來藏。由是探本窮因，染法緣起也便是以如來藏為最終極根據。在前面闡述淨分緣起時，已經提及如來藏無非即是作為淨分緣起的根據那究竟真實覺性。在智儼看來，染法緣起和清淨緣起都是源出同一的清淨根本，都為同一「淨品」法所出。當「淨品」法對應染緣，顯現虛妄法，那便是染法緣起；「當『淨品』法順其本然清淨性，但顯現清淨法，那便是淨分緣起。智儼並指出後者即是《華嚴經》之『普賢菩薩行品』和『性起品』所明的緣起。」〔註16〕

5.2.2 其他著作緣起思想

智儼在《華嚴五十要問答》中說到「若據實理一切緣起不離法界。所成理事是法界能。由如金器離金無器是金之能。」〔註17〕這即是說一切緣起不離法界，無論所成的「理」還是「事」都是「法界能」，就好像金器是金之能，離金即無器。

智儼法師在《華嚴一乘十玄門》開篇第一句話即開宗明義，如下：

明一乘緣起自體法界義者，不同大乘、二乘緣起，但能離執常、斷諸過等。此宗不爾，一即一切，無過不離，無法不同也。今且就此華嚴經宗，通明法界緣起。不過自體因之與果。所言因者，謂方便緣修，體窮位滿，即普賢是也。所言果者，謂自體究竟寂滅圓果，十佛境界，一即一切。〔註18〕

智儼在這裡明確指出了一乘緣起不同於大乘二乘緣起，大乘、二乘所說的

〔註15〕《大正藏》第 35 冊，第 63 頁。
〔註16〕廖明活，〈智儼的「緣起」和「性起」思想〉，《佛學研究中心學報》，1997 年 7 月第 2 期，第 64 頁。
〔註17〕《大正藏》第 45 冊，第 522 頁。
〔註18〕《大正藏》第 45 冊，第 514 頁。

緣起，但能離執常斷諸過等。大乘（菩薩乘）、二乘（聲聞乘，緣覺乘），也就是傳統佛教所講述的緣起說有許多種，各種緣起學說之間雖然互有差異，但有一個共性，即都是說明世界、人生及各種現象生成、變化和消亡的理論。傳統緣起學說在承認事物和現象均依據特定條件而產生、變化和消亡方面是一致的。在智儼看來，傳統緣起理論的價值和作用，是要消除（離）人們認為事物或斷滅（斷）、或永恆（常）等錯誤認識和觀念（諸過）。而「華嚴一乘緣起」自體法界，乃是稱性之極談，一即一切，無過不離，無法不同，這也是《華嚴經》中所明確說明的。智儼法師明確指出整部華嚴經宗就是在說明「法界緣起」。華嚴宗所講的「一乘緣起」即是「法界緣起」是關於世界、人生和各種現象理想存在狀態的學說，重點說明事物或現象之間本來具有的理想關係，說明修行解脫所要達到的理想境界。智儼從經典文字（「教」）出發，根據佛智慧本體（「自體」）的作用和表現（「相」）來論證法界緣起（「辨緣起」）。「今約教就自體相，辨緣起者於中有二。一者舉譬辨成於法。二者辨法會通於理。」即是說，今就教法之法界緣起，皆自體因之與果而辨緣起，於中有二，一舉譬辨成於法，二辨法會通於理。第一門稱為「舉譬辯成於法」，即通過分析來自經典中的譬喻來理解佛法，闡述法界緣起的道理。以「數十法」為喻，論述「一」與「十」的關係，又分二門，一異體門，二同體門。

5.2.2.1 異體門中一多關係

> 就異體門中復有三：一者一中多多中一，如經云：一中解無量無量中解一，展轉生非實，智者無所畏，此約相說也。二者一即多多即一，如第七住經云：一即是多多即一，義味寂滅悉平等，遠離一異顛倒相，是名菩薩不退住。此即約理說也。〔註19〕

在這裡「異體門中復有三」，「三」似為「二」之誤。一者一中多，多中一。並引經為證，經云：一中解無量，無量中解一，展轉生非實，智者無所畏。此是約相而言。二者一即多，多即一。引第七住經文為證，經云：一即是多多即一，義味寂滅悉平等，遠離一異顛倒相，是名菩薩不退住。此是約理而言。這是就理而言的，智儼緊隨下文，以「十數」為例來說明「一中多，多中一」與「一即多，多即一」。

約十數明一中多，多中一。若順數從一至十向上去，若逆數從十至一向下

〔註19〕《大正藏》第 45 冊，第 514 頁。

來。從一至十，乃一的因緣成十，如是則十無自性。從十至一，乃十的因緣成一，如是則一無自性。一與十皆緣起法，無有自性，故展轉生非實。其實所謂一者，乃十中之二三四五六七八九十所緣成也，所以一中即有十，若無有十，一則不成。何以故？一無自性，由緣成故。據理可知，既一數無性緣成，由於一成，則二三四等，亦皆無性緣成。由一向上去，乃有二三四乃至十也。若一有自性住於自性，則不能成十，故十即不成。十若不成，則一亦不成。以一與十，皆無性緣成故。問曰：既然各各無性，何得成一成多呢？答：法爾如是，此由法界實德緣起力用，一切法本來無性即緣成，緣成即無性所致。普賢境界相應者，自體因果，本來如此也。由於法界緣起，無性隨緣，隨緣無性，自體因果故，所以一多常成而不增減也。引經論為證。維摩詰經云「從無住本立一切法」，無住即無自性也。中論云，以有空義故，一切法得成。空則無自性，以不住自性故，一切緣起法得成。問：此一中十，十中一法門，攝法界為盡，為不盡呢？答此攝法界，亦有盡義，亦無盡義。何以故？十中一則有盡，一中十具足說即無盡。何故如此？因為十中一，一為本數，是故有盡。一中十若具足說，則十百千萬⋯⋯十十無盡。再者，然一中有十，十中有一，如是則一中，及二三四等中，皆有盡不盡義。以上明一中十，十中一，次明一即多，多即一。此還同前門，一而十即向上去，十而一即向下來。若向上去，則一便是十的成就因緣，所以一即十。若一非十，則十便不得成就。從上向下來，亦復如是。十而一，則十是一的成就因緣。若十非一，一亦不得成就。

　　問：為何一不成十亦不成？答：譬如有柱支持，方有舍的存在，無柱的支持，舍便不能存在，所以若無柱，爾時則無舍。同時若有舍，必是柱的支持。故柱即舍，舍即柱也。既然柱即舍舍即柱，成柱復成舍。是故一即十，十即一，成一復成十也。問：若一即十，應是有一而無十。似應為：應是無一而有十）。怎得言一之與十？復言以一與十相即，故得成一復成十呢？答：所謂一即十則非一，十即一則非十。非一非十者，非是情謂之一、十也，是緣成之一、十，緣成無性故非一非十，而一而十，是以言一即十，十即一，成一復成十。經云：「一亦不為一，為欲破諸數，淺智著諸法，見一以為一。」一亦不為一，緣起無性故。為欲破諸數，一切數論法有相有為法，皆以緣起無性破也。淺智之人取相著法，是以見一執為定一也。問：一中十與一即十，有何差別？答：一中十者，離一無十，而十與一有別，即是無分別而分別。換句話說，一與十無分別，而不壞一十歷然。所謂一即十者，離一無十，而十即是一。何以故？一與

十互相緣成故。依一而成十，依十而成一，全一即十，全十即一。故離一無有十，而十即是一也。問：一與十要待緣成，為是同時，為是先後呢？答：若依緣成，依一而有十，依十而有一，便是常同時而有先後。何以故？雖常同時，而向上去由一至十，向下來從十至一，故有先後也。問：既有先後去來，應有一至十為增，十至一為減，不應言不動一、十之本相。答：雖有先後去來，皆是隨凡情假相而說，非依理性說也。於理常不動，於事相常去來。以理約事，則常去來常不動。以事約理，則常不動常去來。例如經云，不來相而來，即以事約理也。例如虛空不動，而有東方虛空，南西北方四維上下虛空，乃有去來相，故常不動常去來。故一即多而不動一相，以一相者，緣成無性，故不動也。但此一相，非是凡情所謂的一相。多即一而不壞多相，亦非凡情所謂的多相。因為一多互相依緣而立，動一則動多，壞多即壞一。所謂一成一切成，一壞一切壞也。問：一多既是緣成，不同凡情見者，為是本有一多？為是始有一多呢？答曰：當知一多，本有不有，何以故？諸法緣成無性故。汝欲就智慧辨本有？為欲就自體性之一多辨本有呢？若就自體性之一多辨本有，而不論智慧。則體性一道清淨無有分別，便息諸言論之道。因為自性究竟圓滿果德，離言說相故。今辨一多相者，是約智慧分別而說也。經云，智慧差別故。以智慧差別，所以分別一多也。經又云，智者無所畏。智者於無分別中，分別一切法，雖分別一切法，而實無分別。故約智分別說，乃有一多也。問：以智照故本有，應是有本有。答意是說明「本有非有」。答：譬如室中空，本非一非多，開門見此空時，謂此空即是本有。其實空性非一非多，空性隨緣，假現一多。此所謂以有空義故，一切法得成。而此空性，非一多攝。如涅槃經云，見佛性已，非三世攝。問：可否見空時，謂是始有呢？答：如果見時言有，不見時言不有，故亦名始有。當知，見時言有，不見時言不有，乃凡情見也。若以理推求，本有非有，既然非有，焉有始有？問：若一多之體，由智照故，通本有及本不有者，然則此智照，亦通有照有不照否？答：若照見本有時，則智非如理之照，故曰智即非照。若照見本不有，一切法本空，是智如理照也。故知此照，亦通有照有不照也。智照者如理，不如理者，非智照也。一切諸法例如此者，總結全文。明異體門竟，以下明同體門。

5.2.2.2 同體門中一多關係

同體門還如前門，仍是說明「一中多，多中一，一即多，多即一」。就一中多多中一門，仍依向上去、向下來說明。逆順各具十門者，順數從一至十，

逆數從十至一，故曰各具十門。略舉其始終者，謂一與十互為因緣而成也。一為緣成乎十，則一為始十為終。十為緣成乎一，則十為始一為終。約十一為例而說者，像一中十，一是由十所緣成故。如果無十，一則不成。其餘二三四……等，亦復如是。十中一的道理，亦復如是，十是由一所緣成。問：異體門與同體門，有何不同？答：異體門中，所謂一中十者，是對其餘二三四……等九，以言一中十也。今此同體門言一中十者，謂一中即有九，不對其餘九數，故謂同體也。問：既然一中有九者，與異體門一即十，有何差別呢？答：今同體門中言一有九者，是有於自體九，而一卻不是九。理由是這樣的，諸法隨緣起，乃有一與十之差別，故一不是九。然隨緣無自性，故為同體。同體者，一與二三四……等，皆自體差別也。換句話說，無性是自體，隨緣是差別，無性即是隨緣，故是自體差別也。別（異）體門說一即十者，謂一即是彼異體二三四乃至十等，而十等不離一也。以一與十互相緣成故，所以十等不離一。問：一中自有九者，應該不是緣成義。答：緣成方有一切法，若非緣成，則其餘九數，豈得有耶？問：一體云何有九？答：如果無九，一亦不成。因為一體無性能隨緣，隨緣故有一切法。如果一體不能有九，既然無九，當是亦無一。何以故？九者由一組成故。前明同體門中，一中十義，次明同體門中，一即十義。同體門一即十者，還如前言，「一」者，乃二三四乃至十，一一緣所成，故曰一即十。何以故？因為諸法緣成，若非二三四……十等緣起，一不成故。一即十既然如此，同理可知，一即二三四等亦然。至於逆數從十至一，順數從一至十，亦皆互相緣成。問：此言自體一即十者，與同體一中十，有何差別？答：前言同體一中十，係謂一非是十。此言一即十，而一即是十也。是以為異。

　　問：此言一體中即有十，是攝法盡呢？還是攝法不盡？答：隨各人智慧差別，故亦盡亦不盡。若人執著，謂一攝十而已，是則有盡。若人具說，了達十十無盡，十而百，百而千，千而萬，乃至無量，便是無盡義。問：所謂無盡者，為是自門無盡，抑攝二三四……等餘門無盡？答：一無盡，餘二三四等亦無盡。若餘不盡，一亦不盡。因為一攝十十無盡，其餘二三四……等，亦攝十十無盡。故若餘二三四……等不盡，一亦不盡。何以故？一乃至十，皆緣成故，一成一切成，一不成一切不成。因為一即一切，一切即一故。因為一與十互攝互入重重無盡，同時「十」「百」「千」「萬」等亦復無盡。是故此攝法，即無盡復無盡，以一切法無盡緣起故。所以成一之義，於二三四義亦成。若依

緣起無性如虛空者，即是盡義，更不攝餘。以緣起無性，無性緣起，攝入無盡故，所以名無盡者，亦攝盡不盡義也。以緣起無性，雖是盡義，而無性乃成無盡緣起，故名無盡者，亦攝盡不盡也。問：既言一攝餘盡者，為是只攝一中十盡呢？抑亦攝一以外他處十盡？答：攝此一，攝他處無盡，方成一之義也。若論他處十義無性如虛空者，則有盡也。以上舉十數為譬解說竟。

智儼在上文中分兩門論述「一」與「十」的關係。首先是「異體門」，即從差別、部分的角度講緣起。分別引用《華嚴經》中已經有的「一中多，多中一」，「一即多，多即一」的說法，經過論證，證明「一」和「多」是相互聯繫、相互依存的，沒有「一」，就沒有「多」，反之亦然，最後得出「一」和「多」在緣起法的範圍內可以完全等同。然後是「同體門」，即從共性、整體的角度講緣起，論述方法與「異體門」相同，也是借用「一中多，多中一」，「一即多，多即一」的說法，經過論證，證明「一」就是「多」，「多」就是「一」。

「一乘緣起」或「法界緣起」的名目雖不是智儼所創，但是智儼在這裡把它與傳統緣起學說進行比較，並賦予其新的內容。「一和一切可以相互等同（一即一切），儘管作為一切的事物或現象可以多的不可計數，但是沒有存在於一之外的任何個體，也沒有存在於一切之外的一（無過不離），任何事物或現象都是可以相互等同的（無法不同）。這三句簡明且具有創新意義概括，成為華嚴哲學思想的總綱。」〔註20〕智儼又從因、果二門來闡明法界緣起自體之理，法界緣起之理，是以「法界」為體，「緣起」為用。「由體而起用，因果之相宛然。用全於歸體，法界之貌湛然。雖然法界湛然不變，而因果之相繁興，雖然因果繁興，而法界常寂，以是果不異因，因不異果，以是一法界故，這就是華嚴圓教之理。」〔註21〕因果同時成立，初發心時，便成正覺。這是在佛的大願海中，大智慧海中，大方便海中之所顯，謂一切塵，一切毛，一切剎海，一切佛及眾生，一切事物等，莫不是佛海之所印。如是一切，入於佛海，莫不皆空，是佛智慧大海，無邊無盡，深廣不可測。因此，法界緣起在表明自體因果，以菩薩的慈悲願力，來體究成佛的境界，所以，因果不二就是法界緣起成立的根源所在。

智儼在《孔目章》也有論及緣起，略說兩種緣起的不同：「三乘緣起，緣

〔註20〕參考：魏道儒，《從《華嚴十玄門》解析佛學中國化》，中國人民大學「第二屆中日佛學會議」學術論文。

〔註21〕正慈，《法界緣起說原教學體系及其演變歷程》，九七屆碩士研究生畢業論文，1997年4月。

聚即有，緣散則離；一乘緣起，緣聚不有，緣散未離。」〔註22〕這裡所提到的「三乘緣起」和「一乘緣起」，當是分別指三乘教和一乘教所講說的緣起，在智儼著作中「三乘教」泛指大乘教學，「一乘教」主要是指《華嚴經》的教學。大乘教緣起為「緣聚即有，緣散則離」，一乘教緣起則為「緣聚不有，緣散未離」，智儼以《華嚴經》的教學為一乘教之代表，「法界緣起」當即是「一乘緣起」。

　　由上文所知，「法界緣起」包括淨分緣起和染法緣起兩方面，後者是以阿梨耶識為本據；而智儼又說到：「當知十二因緣等，即體自性空。依彼阿賴耶識生，梨耶微細自體無我，生十二因緣。十二因緣，亦皆無我故，緣生等無有別法，佛舉緣起觀門，以會諸法。一切無分別，即成實性故。《地論》云：隨順觀世諦，即入第一義諦，是其事也。緣起觀門，有如是益，此義在三乘，亦通一乘說。何以故？為是所目故。若據勝劣緣起，是勝觀，亦即是一乘小乘之中。雖有名字，而不違其義。何以故？不斷法我故，餘義如別章。」〔註23〕這裡把以阿梨耶識為本據的緣起，說為是三乘教之義，同時又通於一乘教。這樣作為「一乘緣起」之殊義者，乃是「淨分」緣起。《搜玄記》中闡述淨分緣起之「本有修生」一門時，強調「淨分」緣起所修起的清淨分法，是「順理，不順諸緣」，乃是究極真實覺性本性所自發，跟妄緣性不相順；這便是「緣聚不有，緣散未離」之涵義。《搜玄記》在述「染法」緣起之「緣起一心」一門時，指出「染法」緣起所以發生，是真「本」跟妄「末」緣集的結果，要是沒有妄緣，究極真實覺性終竟不會生起十二支緣生法；這也正是「緣聚即有，緣散則離」之義。

5.3　智儼的性起觀

　　「法界緣起」分有兩門即「緣起」與「性起」兩門。性起者，體性現起之意。性，指法界性、法性、真如，本性、佛性之意，或稱本、理、體；即指本來具足，不受外在影響而改變的體質。就是說，事物本來具足真實本性，非隨緣而有所增損，常顯自在之作用，故就此點而言稱之為「性起」。即真如法性，不待因緣，依自性本具之德用，起為迷悟情非情之萬有。諸佛與眾生交徹，淨

────────────

〔註22〕　《大正藏》第 45 冊，第 586 頁。
〔註23〕　《大正藏》第 45 冊，第 563～564 頁。

土與穢土融通，法法皆彼此互收，塵塵悉包含世界，相即相入，無礙熔融，具十玄門，重重無盡。稱此性起，曰法界緣起。「法界緣起者，宇宙之森羅萬象，相即相入，此一物為他萬物緣，他萬物為此一物緣，自他互相待相資，圓融無礙。即華嚴宗之根本教理者。」〔註24〕「性起」源出自佛陀跋陀羅（359～429）所翻譯的六十卷本《華嚴經》之「如來性起」品，「寶王如來性起品」云：「諸佛子聞已，心皆大歡喜，願時為敷演，如來性起法」〔註25〕此品詳述佛陀出世的因緣和勝相，為華嚴宗性起思想的根據。顯示如來以無量因緣成等正覺出興於世。「記述普賢菩薩向性起妙德菩薩宣說如來所現起的諸相，包括正法相、身相、言音相、心意相、境界相、行相、菩提相、轉法輪相、涅槃相、見聞供養所種善根相共十種，文內大力渲染如來的超越性、遍及性和平等性。」〔註26〕唐譯《華嚴經》把它譯作「如來出現品」。華嚴主「性起說」，性起為華嚴之極談，獨為華嚴學派所說，也是華嚴宗重要的教學特色。

「重視『性起』，並且運用它說明各種問題，始自智儼。」〔註27〕智儼著作中提到「性起」地方不多，其中在《搜玄記》疏釋「如來性起品」部分裏首先解釋「如來性起品」的品名，說：「如來者，如實道來成正覺，性者體，起者現在心地耳。」〔註28〕依這裡的解釋，「如來」是指踐履如實真道所成就的正覺，「性」是指體，即是指覺體。智儼解釋品名後，繼而從「始終」和「闊狹」兩方面論說「性起」的不同：

> 問：性起分齊云何，答此有二義，一始終相對，二闊狹相對明分齊。初始發心至佛性起，終至大菩提、大涅槃、流通舍利也。闊狹頓悟及三乘始終、出世至聲聞緣覺、世間下至地獄等諸位也，仍起在大解、大行、大見聞心中。〔註29〕

可見，從「始終」方面來看，眾生從開始發菩提心，到最終證入大涅槃，皆是其本有覺性的起現。就「闊狹」方面看，下至地獄界之眾生，上至頓悟菩薩，當他們生起大解、大行、大見聞心，便是其覺性的顯現。在這裡強調性起

〔註24〕黃懺華，《中國佛教史》，北京：東方出版社，2008年1月，第184頁。

〔註25〕《大正藏》第9冊，第612頁。

〔註26〕廖明活，〈華嚴宗性起思想的形成〉，《中國文哲研究集刊》，中央研究院中國文哲研究所發行，1995年3月第6期，第33頁。

〔註27〕魏道儒，《中國華嚴宗通史》，南京：江蘇古籍出版社，1998年7月（2001年5月重印），第142頁。

〔註28〕《大正藏》第35冊，第179頁。

〔註29〕《大正藏》第35冊，第79頁。

範圍之「闊」，智儼隨後又藉以下的問答加以說明：

> 問若聲聞等有性起者，何故文云於二處不生根，答言不生者，
> 不生菩提心性起芽，不言無果葉。若無者，微塵中不應有經卷。準
> 喻可知，若細分別，地獄無果葉有體，聲聞有體及果葉也。〔註30〕

《華嚴經》之「性起品」曾以大藥王樹比喻如來智慧，指出正如大藥王樹在地獄水輪中不能生出根，如來智慧樹亦於聲聞緣覺和地獄有情之處不能生長。這比喻好像是要顯示地獄有情和聲聞緣覺沒有如來的覺性，不會有性起之事。智儼解釋到，經文所以說地獄有情和聲聞緣覺不生如來智慧，只是說他們「不生菩提心性起芽」，並不是說他們無菩提心性起果葉，又進一步分別地獄有情和聲聞緣覺，以為前者是無（性起）果葉、有（性起）體，後者是有（性起）體及果葉。如上的解釋和分別的主旨，是要申明地獄有情與聲聞緣覺皆有覺體，亦可以有性起之事。

《搜玄記》疏釋《華嚴經》的「普賢菩薩行品」和「入法界品」的部分，也有談到性起。其中「普賢菩薩行品第三十一」論及性起和因果的關係：

> 問性起絕言離相，云何有因果，有二意，一為經內因中辨性起，
> 果中明性起，故二也，二性由不住故起，起時離相順法，故有因果
> 也。問起時離，與緣修何別，答緣修離緣則不成，性起無緣即不損，
> 故別也。〔註31〕

就「性起」而言，是從如來的果位上談諸法之現起，性起屬果，是如來之最高境界，此如來境界是我們凡夫無法用語言文字所表達清楚。覺「性」是遠離一切分別相，非語言所能詮述。「只是由於《華嚴經》對性起的演說牽涉及因和果，尤其是當覺「性」體「起」時，會順應世間法，示現起因果相；由是之故，才便說性起有因果。」〔註32〕這段話還比較了「性起」和「緣修」的「離相」性。「性起」是以覺體為本據，而覺體本來便是無一切分別相，其「離相」性非是來自外緣，故說是「無緣即不損」。而「緣修」所修成的「離相」性，乃是後天修習所得，故說由「緣修」達成的「離相」性，是「離緣則不成」。

在《搜玄記》之「入法界品第三十四」中，說「性起」如下：

〔註30〕《大正藏》第 35 冊，第 79 頁。
〔註31〕《大正藏》第 35 冊，第 78 頁。
〔註32〕廖明活，〈華嚴宗性起思想的形成〉，《中國文哲研究集刊》，中央研究院中國文
　　　哲研究所發行，1995 年 3 月第 6 期，第 41 頁。

二闊狹者唯在大乘心，小菩薩、聲聞、凡夫不說入法界。問性
起即通，此品局者何也，答性起宗欲明約法辨分齊，故通；此明約
入心辨分齊，故局耳。性起約法，假使不證，不名不起。〔註33〕

這裡指出「入法界」是就「入心」之事說，而事實上有入法界心之事者
只有大乘菩薩；故「入法界」的範圍是「狹」、是「局」，不包括小菩薩、聲
聞、凡夫在內。而「性起」是約道「理」說，依道理觀，眾生皆具覺性，即
使現時未能證入真道，並不表示他們不能有性起之事；故「性起」的範圍是
「闊」、是「通」、含攝一切有情。智儼在這裡重申「性起」為一切眾生所可以
有的作用。

智儼在《孔目章》中設有專章解說「性起品」，即「性起品明性起章」，其
文如下：

性起者，明一乘法界，緣起之際，本來究竟，離於修造。何以
故，以離相故。起在大解、大行、離分別菩提心中，名為起也。由
是緣起性故，說為起；起即不起，不起者是性起，廣如經文。此義
是一乘。若證位在十地，若善巧在十迴向，若應行即在十行，若應
解即在十解，若應信即在十信終心勝進位中，若究竟即在佛果。若
據十即在一時。若據智相，即應六相，餘義如別章。〔註34〕

這裡指出「性起」是最圓滿的一乘教的教義，是法界緣起之本際的觀念；
「智儼所謂法界緣起之『本際』，無非是覺體。這覺體是『究竟』的真實，非
緣「修」所「造」，這點從它是『離』所有分別『相』。眾生發『離分別菩提心』，
起『大解』，習『大行』，這一切皆是覺體的『起用』」。〔註35〕作為法界緣起之
本際覺體的起用，對比緣起層面的起，乃說性起的起為「起即不起」。又菩薩
修十信、十解、十行、十迴向、十地，以至證入佛果，當中每一階位，皆有性
起。這就是為了彰顯緣起諸法，本為不起的果法，可是這緣起法，一一皆無自
性，起即不起；本為不起的果法，然而依緣起的起而有性起，這乃是由於諸法
無自性，故起即不起。這就是性起觀的理論根源。

性起為如來，如來本性清淨，在清淨性中，一即一切，一切即一，無生無
滅，無染無淨。性無性，性寂滅，非有非無，不增不減，中論也講不生不滅，

〔註33〕《大正藏》第35冊，第87～88頁。
〔註34〕《大正藏》第45冊，第580頁。
〔註35〕廖明活，〈智儼的「緣起」和「性起」思想〉，《佛學研究中心學報》，1997年
7月第2期，第70頁。

不增不減：但中論講萬法的空，沒有歸到真如本性。華嚴講如來本性，「其性如虛空」，性自清淨，遠離塵垢。然而如來性起萬法，萬法有差別。應在正覺中，才能歸到本性，這種性稱為如來性。性起的意思，在於說明宇宙萬法的成立，不來自各種緣起，而是自己本性的顯現，「性起」是真如，為萬法的本體，萬法是真如的顯相，真如為本體，萬法為現象。性起又有另一種意義，性起為華嚴的觀法，由自己本心而見到自己的性，在觀法裏，直接看到真如本體，泯滅一切差異，頓然成佛。本體不改稱為性，顯現體的用稱為起，性起就是如來的性起。晉譯六十卷《華嚴經》之「如來性起品」，說明一切萬象，莫非佛三世之業，整個法界也是如來性起的德用顯現。性起觀是描述印現於佛陀心海中的法界真理。換言之，性起即如來，如來即性起，宇宙萬有可以說是如來的展相，所以說：「諸法有無元來一，有無諸法本無二。」〔註36〕此是性起觀。「至於緣起觀，乃大聖為攝眾生，欲令契理捨事。故舉實理以會迷情，使諸有情，知事即無，且即事為理，亦即使一切法無分別而成為實性。」〔註37〕

小結

　　法界緣起說是華嚴宗的基本教理，充分發揮了華嚴宗的旨趣，華嚴宗故又稱「法界宗」。華嚴宗用「法界緣起」來解釋宇宙的形成和眾生在世間所遇到的種種現象，並且把「法界緣起」分為兩門加以闡釋，即「緣起」與「性起」兩種法門，這是華嚴宗思想的兩個中心觀念。在智儼的著作裏，「性起」思想得到開展，智儼界定了「性起」一詞的涵義，對「性起」與「緣起」的關係亦有所說明，智儼強調一切眾生同俱如來的覺性，皆可以有性起之事；並表示性起之為「起」，乃是「不起而起」，跟緣起層面所談的「起」，意義完全不同。華嚴宗人所談「性起緣起」即是「法界緣起」，二祖智儼法師把「法界緣起」作為華嚴經的宗旨，用以概括其全部理論。「法界緣起」一詞，最早見於慧遠大師所著的《大乘義章》。慧遠認為四聖諦中的苦集為法界緣起所會聚，滅道為法界緣起的發用，而有染緣起與淨緣起，是為法界緣起的根源。另外慧遠又提出「真性緣起」，這「真性緣起」是「如來藏緣起」的別名，可見如來藏緣起為初期對法界緣起的理解。華嚴初祖杜順和尚在其所著的《華嚴五教止觀》

〔註36〕《大正藏》第 45 冊，第 721 頁。
〔註37〕楊政河，《華嚴法界緣起觀簡釋》，《現代佛教學術叢刊》，華嚴思想論集，第 180 頁。

中提到：「若有直見色等諸法從緣，即是法界緣起也。」這就是說，假如直接照見物質等，各種事物現象隨緣而起，無有遍計執情，頓顯圓成，即是法界緣起。杜順和尚是以《華嚴經》裏的法界緣起義理始創華嚴宗。智儼法師對法界緣起說進行了更為詳細的解讀，在其《華嚴一乘十玄門》中說：「華嚴一部經宗，通明法界緣起。」此即說明智儼大師認為一部《華嚴經》的宗旨即在說明「法界緣起」的道理。華嚴宗的祖師們都在建立和完善華嚴宗之法界緣起思想理論。法界緣起說，主張一切為真心本性所起。真心為體，萬法為現象，萬法為真心所起。由「一心」而緣起萬法事象，叫做「性起」。緣起是待他緣而生起，性起乃不待他緣，直接由其自性本具的性德而生起。自性若不具其性德，即使待他緣亦不得生起。華嚴雖也講因緣，然強調「世間非自作。亦復非他作。」而是自性引起，自性則是「一心」。「一切法沒有體沒有性，也沒有作用，不能生他事物，法性真心也不能生，因常住不變；只因無明染污，乃有現示，現示而有現象，現象即是萬法。真心示現諸法時，沒有另外一個『能現者』作主體，也沒有『所現者』萬法作客體，只是真心自性引起現象，現象在主體以內。真心和萬法不相分離，相即相入。」〔註38〕在智儼的著作裏，「性起」思想得到開展，智儼界定了「性起」一詞的涵義，對「性起」跟「緣起」的關係都有說明，智儼強調一切眾生同俱如來的覺性，皆可以有性起之事；並表示性起之為「起」，乃是「不起而起」，跟緣起層面所談的「起」，意義完全不同。「性起緣起」即是「法界緣起」，智儼把「法界緣起」作為《華嚴經》的宗旨，即用以概括其全部理論。二祖智儼法師的相關論述奠定了華嚴宗法界緣起思想的基礎。

〔註38〕羅光，《中國哲學思想史》，臺灣學生書局印行，第664頁。

結　語

　　印度佛教約在兩漢之際傳入中國內地，經魏晉、南北朝、隋唐、宋、元、明、清，至今已有兩千多年的歷史。經過兩千多年的發展，佛教在中國完成了形式和理論上的自我調整，在與中國固有文化和哲學的碰撞、衝突、融合中，逐步轉型，日趨中國化。中國佛教學者吸收印度佛教哲學的養分，依據中國文化中固有的哲學智慧，創造出不同於印度的新的佛教哲學學說和體系，使其成為中國傳統文化儒釋道三足鼎立之一家。中國佛教哲學內容之豐富，思想之深刻，足以與印度佛教哲學相媲美。

　　中國佛教的發展可分為三個階段：一是漢魏兩晉南北朝階段，這是佛教由傳入到日趨興盛階段；二是隋唐階段，這是中國佛教的鼎盛時期，也是中國佛教哲學最為繁榮的時期；三是宋元明清階段，這是佛教日趨衰落的時期，也是佛教哲學一方面被吸收於理學之中，一方面又大力與儒家倫理道德學說等相調和的時期。其中，中國佛家哲學大成時期是隋唐時期，此時佛教流傳中國已有四、五百年。佛典的大量翻譯、佛教研究成果的長期積累，再加上國家政治統一、經濟繁榮、國力強大，這些都為中國佛教學者提供了良好的客觀外在環境。隋唐時期的佛教在發展的過程中陸續成立了一些宗派，形成了三論、天台、華嚴、淨土、唯識、律、禪和密八宗。這也是自漢以來佛教理論在中國這片土地上長期發展並且與固有的傳統思想不斷融合的結果。作為八大宗派之一的華嚴宗，其哲學思想廣泛地涉及了現象圓融論、認識論和主客體關係論等內容，思想豐富、深刻，形成了中國佛教理論思想的一座高峰，也可以說是中國佛教哲學的歷史總結。中國佛教哲學的構成，是以傑出佛教學者個人思想的形式出現的。隋唐時期，中國佛教哲學取得輝煌成就，與當時中國傑出的佛教

學者地努力是分不開的。華嚴宗富有濃厚的理論色彩，而且最能體現中國人創造性和哲學思辨精神。華嚴宗概念體系的框架，在二祖智儼法師這裡已基本建成。智儼的後繼者們更重要的創造工作，是對諸多概念的重新定義和對範疇系統的調整。

智儼法師是華嚴五祖中第一位系統注解詮釋晉譯《華嚴經》之人，著成《搜玄記》一書。此書是立此教門，開出華嚴思想的奠基之作。智儼把原經對神通境界的描述和列舉修行的敘事結合起來，從中提出一系列成對的概念，用以概括一切佛法，及一切世間和出世間現象，並運用於論證華嚴義理，對華嚴思想義理具有開創作用。以後的祖師研究華嚴思想的對象多沿襲二祖智儼所開創的義理，並且發展成為華嚴宗重要的核心思想。在智儼原創性的、內含豐富思辨哲學的華嚴思想中，可以看出中國佛教學者在不斷消化吸收外來思想同時，兼收並蓄，力圖有所創新，擁有創新精神。本文力圖在整個華嚴思想發展史背景中來把握智儼的生平及華嚴思想，具體關注智儼是如何理解晉譯華嚴經，以及如何建構華嚴宗思想義理。筆者對智儼首創性的華嚴義理思想運用哲學概念的方法進行解析和論證，尤其關注的是思辨哲學的思想內涵和思維方式如何融入智儼的思想意識當中，以及在智儼思想理論中如何運用並且架構華嚴思想的義理。智儼作為中國佛教學者，以其特有的思維方式及理性來解讀《華嚴經》。同時作為初期華嚴宗代表人物，智儼有責任把華嚴思想內容固定下來，並且使之系統化、理論化。二祖智儼在繼承以往華嚴學成果的基礎上，加以融合和創新，終為華嚴宗思想義理奠定了堅實的基礎，開創出一片屬於華嚴自己的思想天地。

智儼法師作為以華嚴為業，歸宗於華嚴的學僧，將其一生奉獻給研習和弘傳華嚴學的事業當中。智儼以教育徒眾為職志，一生不求名聞，風範清高。幼時就得到「弘法之匠」的讚歎；青少年時期，眾歎其慧悟，天縱哲人。智儼參學多方，轉益多師。曾以之為師，求之於學的義僧非常之多，除了杜順法師之外，還有達法師、二梵僧、常法師、琳法師、智正法師。後讀慧光的《華嚴經注疏》而領受「華嚴別教一乘無盡緣起」的義旨並有所悟，又受到一異僧的點撥，深入理會《十地經論》所示之「六相義」。據說智儼悟得「六相」之深義遂「立教分宗」，「立教分宗」的一個標誌體現就是著成了《搜玄記》。總之智儼法師的華嚴思想體系形成，是其在一天天的參學過程中形成的，與這一時期參訪諸師，廣學多聞的求學歷程是分不開的。所以對智儼法師有影響的不只是

一家，以至於近代，在中國及日本的一些學者中間興起了關於智儼法師師承的考證之波，也就有了關於華嚴宗初祖的不同論證；〔註1〕中年時期，智儼潛沉草澤，著述立說。這段時期是智儼消化吸收青年時期所學，專心為華嚴思想著述時期。期間著述頗豐，可惜大部分都已經遺失，現存僅是其中的一部分著作；晚年方屈弘宣，振績京皋，使得華嚴宗風大振，名遍寰內。智儼法師是華嚴思想義理的開創先鋒，在華嚴思想義理方面有精闢論斷和獨到的見解，這些寶貴的華嚴思想後成為華嚴宗的重要思想義理，在這些思想裏面處處可見到智儼法師思想的影子。華嚴三祖法藏法師，即後來的華嚴學集大成者，不能不說是在智儼法師所奠立的堅實的華嚴經學基礎上建立的。也可以說由於智儼法師在華嚴思想義理方面所奠立的堅實基礎，方有法藏法師後來的華嚴學之大成。傳記中對智儼法師門下所傳承的弟子行文不多，有資可考的更不多，只有薄塵、法藏、懷齊（濟）、義湘、慧曉、道成等人，除法藏、義湘，其他生平皆不詳。大概由於「儼所撰義疏，解諸經論，凡二十餘部。皆簡略章句，剖曜新奇，故得其門僚其寡矣。」然而，就是在這不多的弟子中，出了兩位對中國與新羅佛教有很大影響的法師，即法藏法師與義湘法師。法藏與義湘同學，二人盡窺華嚴妙旨。法藏即是華嚴三祖，是華嚴學的集大成者。義湘弘傳大乘佛法，著有《華嚴一乘法界圖》、《法界略疏》等，被後人推為海東華嚴宗初祖。這亦可見智儼慧眼識人，用人之道。

　　本文主要是圍繞智儼作為中國佛教學者以其特有的思維方式及理性精神對從印度傳譯過來的《華嚴經》所作的解讀，尤其關注智儼首次提出的華嚴義理思想中所表現出二者的互攝、互融，如六相、十玄、性起等思想中所表現的思想特色。進一步揭示富有中國特色的華嚴思想所包含的哲學意蘊，以及作為中國佛教學者的智儼在華嚴思想的建構中所表現出的創新精神。在隋唐佛教

〔註1〕 筆者認為，華嚴宗初祖仍為杜順，在《續高僧傳‧杜順傳》中說到：「弟子智儼，名貫至相。幼年奉敬，雅遵餘度。而神用清越，振績京皋。華嚴、攝論，尋常講說。至儼所化導鄉川，故斯塵不絕矣。」《續高僧傳》的作者道宣與法順、智儼先後同時之人記載可靠。道宣雖沒有明確指出杜順法師如何教導智儼，但這裡已間接地說明了智儼法師繼承了杜順法師的華嚴思想。因為智儼法師承繼了其華嚴思想，所以杜順法師的思想才得以「不絕」。在《宋高僧傳》《佛祖歷代通載序》中亦記載杜順將其華嚴法界觀門思想傳於智儼，二人思想承接上具有一致性，智儼以華嚴為宗，其著作以華嚴為主流，其中一篇《華嚴一乘十玄門》就說到承杜順和尚說，可見二者的淵源。此皆是二人師徒相承的一個證明。

哲學中取得最高成就的華嚴思想領域中,我們以智儼法師為導航,一路從華嚴思想中走來,途中我們採擷了具有智儼原創性質的絢麗的思想之花。其中「六相圓融」思想,讓我們認識到每一事物都處於總別相即、同異相即、成壞相即的圓融狀態。世間諸法現象的構成,及現象與現象之間的關係也是如此。全體與部分、同一與差異、生成與壞滅是相即相入圓融無礙的無盡緣起關係。而「十玄門」很好的解決了一與多的關係,無論是在空間的、時間的或事實的立場上,其內涵無不是克服對立。緣起法之間互為條件、互相包含、相即相入、圓融無礙的關係,從而立此十玄門。十門相即相入,主伴具足,重重無盡,事事無礙,用「法界緣起」來解釋宇宙的形成和眾生在世間所遇到的種種現象。一切事物的存在狀態,都是處於自他的互攝中。這些關係,智儼在《搜玄記》及《五十要問答》中已有說明。〔註2〕一切法通過這種相即相入的關係而得一圓融存在,只是在現實上這種境界是被妄心的分別作用阻隔。華嚴宗的哲學,就是要把這種現象上的圓融與價值上結合為一。

〔註 2〕分別見:《大正藏》第 35 冊,第 66 頁及第 45 冊,第 531 頁。

參考文獻

一、普通圖書

1. 高楠順次郎，《大正新修大藏經》（簡稱《大正藏》）第 9 卷〔M〕，東京：大正一切經刊行會，1924～1934 年。

2. 高楠順次郎，《大正藏》第 10 卷〔M〕，東京：大正一切經刊行會，1924～1934 年。

3. 高楠順次郎，《大正藏》第 26 卷〔M〕，東京：大正一切經刊行會，1924～1934 年。

4. 高楠順次郎，《大正藏》第 33 卷〔M〕，東京：大正一切經刊行會，1924～1934 年。

5. 高楠順次郎，《大正藏》第 35 卷〔M〕，東京：大正一切經刊行會，1924～1934 年。

6. 高楠順次郎，《大正藏》第 36 卷〔M〕，東京：大正一切經刊行會，1924～1934 年。

7. 高楠順次郎，《大正藏》第 44 卷〔M〕，東京：大正一切經刊行會，1924～1934 年。

8. 高楠順次郎，《大正藏》第 45 卷〔M〕，東京：大正一切經刊行會，1924～1934 年。

9. 高楠順次郎，《大正藏》第 50 卷〔M〕，東京：大正一切經刊行會，1924～1934 年。

10. 高楠順次郎，《大正藏》第 51 卷〔M〕，東京：大正一切經刊行會，1924～1934 年。

11. 高楠順次郎，《大正藏》第 55 卷〔M〕，東京：大正一切經刊行會，1924
　　～1934 年。

12. 高楠順次郎，《大正藏》第 72 卷〔M〕，東京：大正一切經刊行會，1924
　　～1934 年。

13. 前田慧雲，《大日本續藏經》（簡稱《卍續藏、續藏》）〔M〕，京都：日本
　　京都藏經書院，1905～1912 年。

14. 前田慧雲，《卍續藏》第 3 卷〔M〕，京都：日本京都藏經書院，1905～
　　1912 年。

15. 前田慧雲，《卍續藏》第 45 卷〔M〕，京都：日本京都藏經書院，1905～
　　1912 年。

16. 前田慧雲，《卍續藏》第 58 卷〔M〕，京都：日本京都藏經書院，1905～
　　1912 年。

17. 前田慧雲，《卍續藏》第 77 卷〔M〕，京都：日本京都藏經書院，1905～
　　1912 年。

18. 丁福保，《佛學大辭典》〔M〕，上海：上海書店，1991 年。

19. 吳汝鈞，《佛教思想大辭典》〔M〕，臺北：臺灣商務印書館股份有限公司
　　出版，中華民國八十一年七月初版。

20. 鐮田茂雄，《華嚴學研究資料集成》〔M〕，東京：東京大學東洋文化研究
　　所，1983 年。

21. 呂澂，《中國佛學源流略講》〔M〕，北京：中華書局，2006 年。

22. 湯用彤，《隋唐佛教史稿》〔M〕，北京：中華書局，1982 年。

23. 石峻、樓宇烈、方立天、許抗生、樂壽明，《中國佛教思想資料選編第二
　　卷第二冊》〔M〕，北京：中華書局，1983 年。

24. 任繼愈，《中國佛教史》（第三卷）〔M〕，北京：中國社會科學出版社，
　　1985 年。

25. 魏道儒，《中國華嚴宗通史》〔M〕，南京：江蘇古籍出版社，1998 年。

26. 方立天，《佛教哲學》〔M〕，北京：中國人民大學出版社，1986 年。

27. 方立天，《中國佛教哲學要義》（上、下卷）〔M〕，北京：中國人民大學出
　　版社，2005 年。

28. 方立天，《方立天文集（第二卷）隋唐佛教》〔M〕，北京：中國人民大學
　　出版社，2006 年。

29. 嚴北溟，《中國佛教哲學簡史》〔M〕，上海：上海人民出版社，1985 年。

30. 任繼愈，《漢唐佛教思想論集》〔M〕，北京：人民出版社，1998 年。

31. 賴永海，《中國佛性論》〔M〕，上海：上海人民出版社，1988 年。

32. 馮友蘭，《中國哲學史》〔M〕，北京：中華書局，1984 年。

33. 馮友蘭，《中國哲學史新編》（四）〔M〕，北京：人民出版社，1986 年。

34. 肖箑父、李錦全，《中國哲學史》（上下卷）〔M〕，北京：人民出版社，1983 年。

35. 黃懺華，《佛教各宗大綱》〔M〕，臺北：天華出版事業股份有限公司，中華民國六十九年八月。

36. 岑仲勉，《隋唐史》〔M〕，北京：高等教育出版社，1957 年。

37. 侯外廬，《中國思想通史》（第四卷上冊）〔M〕，北京：人民出版社，1995 年 10 月，第 5 次印刷。

38. 范文瀾，《唐代佛教》〔M〕，北京：人民出版社，1979 年。

39. 郭朋，《隋唐佛教》〔M〕，濟南：齊魯出版社，1980 年。

40. 熊十力，《佛家名相通釋》〔M〕，上海：上海書店出版社，2007 年。

41. 蔣維喬，《中國佛教史》〔M〕，上海：上海古籍出版社，2006 年。

42. 黃懺華，《中國佛教史》〔M〕，北京：東方出版社，2008 年。

43. 羅光，《中國哲學思想史》（下冊）〔M〕，臺北：臺灣學生書局印行，1990 年。

44. 鐮田茂雄、關世謙譯，《中國佛教史》〔M〕，臺北：新文豐出版公司，中華民國七十一年。

45. 李世傑，《印度大乘佛教哲學史》〔M〕，臺北：新文豐出版公司，中華民國七一年四月。

46. 霍韜晦，《絕對與圓融》〔M〕，臺北：東大圖書公司印行，中華民國七十五年四月。

47. 高峰了州著，慧岳譯，《華嚴思想史》〔M〕，臺北：中華佛教文獻編撰社 1979 年。

48. 木村清孝著，李惠英譯，《中國華嚴思想史》〔M〕，臺北：東大圖書公司 1996 年。

49. 川田熊太郎、中村元等著，李世傑譯，《華嚴思想》〔M〕，法爾出版社，2003 年。

50. 鐮田茂雄,《華嚴學研究資料集成》〔M〕,日本:東京大學,1983 年。

51. 賢度法師,《華嚴學講義》〔M〕,北京:宗教文化出版社,2006 年。

52. 弘學,《佛學概論》〔M〕,成都:四川人民出版社,2006 年。

53. 邱明洲,《中國佛教史略》〔M〕,成都:四川省社會科學院出版社,1986 年。

54. 高振農,《中國佛教》〔M〕,上海:上海社會科學院出版社,1986 年。

55. 侯外廬,《中國思想通史》(第四卷上冊)〔M〕,北京:人民出版社,1995 年。

56. 馮達文、郭齊勇,《新編中國哲學史》〔M〕,北京:人民出版社,2004 年。

57. 張國剛,《佛學與隋唐社會》〔M〕,石家莊:河北人民出版社,2002 年。

58. 劉文英,《中國哲學史》(上卷)〔M〕,天津:南開大學出版社,2004 年。

59. 趙樸初,《佛教常識答問》〔M〕,西安:陝西師範大學出版社,2005 年。

60. 龍樹菩薩釋著,迦色編著,《圖解華嚴經》〔M〕,西安:陝西師範大學出版社,2008 年。

61. 王治心,《中國宗教思想史大綱》〔M〕,臺北:臺灣中華書局,中華民國六十九年十月。

62. 蘇樹華,《中國佛學各宗要義》〔M〕,北京:中華書局,2007 年。

63. 李志夫,《中印佛學比較研究》〔M〕,北京:中國社會科學出版社,2001 年。

64. 英武,《佛教各宗派小叢書 華嚴宗簡說》〔M〕,成都:巴蜀書社,2004 年。

65. 密林,《華嚴宗教義始末記》〔M〕,臺北:臺北大乘精舍印經會,2000 年。(缺頁)

66. 范觀瀾,《華嚴文匯》〔M〕,北京:宗教文化出版社,2007 年。

67. 方東美,《華嚴宗哲學》(上下冊)〔M〕,臺北:黎明文化事業股份有限公司,中華民國七十二年五月。

68. 法藏(唐)著,方立天校釋,《華嚴金師子章校釋》〔M〕,北京:中華書局,1983 年。

69. 張新民等注譯,《華嚴經今譯》〔M〕,北京:中國社會科學出版社,2003 年。

70. Francis Cook. Hua-Yen Buddhism: The Jewel Net of Indra [M]. Pennsylvania: Pennsylvania State University Press, 1977.

71. Clear, Thomas F. Entry Into the Inconceivable: An Introduction to Hua-yen Buddhism [M]. Hawaii: University of Hawaii Press, 1983.

二、論文集、會議錄

1. 中國佛教協會編,《中國佛教》(一)〔C〕,北京:知識出版社,1980 年。
2. 中國佛教協會編,《中國佛教》(二)〔C〕,北京:知識出版社,1982 年。
3. 中國佛教協會編,《中國佛教》(三)〔C〕,北京:知識出版社,1989 年。
4. 張曼濤,《現代佛教學術叢刊 32 第四輯二　華嚴學概論》〔C〕,臺北:大乘文化出版社,1978 年。
5. 張曼濤,《現代佛教學術叢刊 33 第四輯三　華嚴思想論集》〔C〕,臺北:大乘文化出版社,1978 年。
6. 張曼濤,《現代佛教學術叢刊 34 第四輯四　華嚴宗之判教及其發展》〔C〕,臺北:大乘文化出版社,1978 年。
7. 張曼濤,《現代佛教學術叢刊 44 第五輯四　華嚴典籍研究》〔C〕,臺北:大乘文化出版社,1978 年。
8. 湯一介,《華嚴「十玄門」的哲學意義》,佛教與中國文化國際學術會議論文集下輯,1995 年。
9. 廖明活,《智儼判教思想的形成——《搜玄記》和《五十要問答》的判教說》,《佛教思想的傳承與發展——印順導師九秩華誕祝壽文集》〔C〕,臺北:出版社不詳,1995 年。
10. 鍾志彭,《論智儼之判教思想:華嚴專宗學院佛學研究所論文集六》〔C〕,臺北:華嚴蓮社,1996 年。
11. 王守常、錢文忠,《人間關懷:20 世紀中國佛教文化學術論集》〔C〕,北京:中國廣播電視出版社,1998 年。
12. 魏道儒,《普賢與中國文化》〔C〕,北京:中華書局,2006 年。
13. 黃河,《佛學二十講》〔C〕,北京:華夏出版社,2008 年 1 月。
14. 楊曾文,《當代佛教與社會》〔C〕,北京:宗教文化出版社,2009 年 3 月。
15. 李治華,《智儼的人天教:佛學論文集十四之二》〔C〕,臺北:出版社不詳。

三、學位論文

1. Jeffrey Broughton. KUEI-FENG TSUNG-MI: THE CONVERGENCE OF CH'AN AND THE TEACHINGS [D], Columbia University, 1975.

2. 邱高興，《李通玄佛學思想述評》〔D〕，北京：中國人民大學，1996 年。

3. 桑大鵬，《三種《華嚴》及其經典闡釋研究》〔D〕，武漢：華中師範大學，2006 年。

4. 劉漪，《華嚴宗圓融思想研究》〔D〕，合肥：安徽大學，2007 年。

5. 釋隆賢，《略論華嚴宗之法界緣起》〔D〕，杭州：杭州佛學院，2008 年。

6. 李治華，《智儼思想研究──以初期華嚴宗哲學的創立過程為主軸》〔D〕，臺北：輔仁大學，2009 年。

四、期刊中析出的文獻

1. 方立天，〈試析華嚴宗哲學範疇體系〉〔J〕，《哲學研究》，1985 年第 7 期，第 64～70 頁。

2. 石峻、方立天，〈論隋唐佛教宗派的形成〉〔J〕，《哲學研究》，1981 年第 8 期，第 68～72 頁。

3. 陳揚炯，〈澄觀評傳〉（續一）〔J〕，《五臺山研究》，1987 年第 4 期，第 23～32 頁。

4. 陳揚炯，〈澄觀評傳〉（續完）〔J〕，《五臺山研究》，1987 年第 5 期，第 16～19 頁。

5. 方立天，〈略談華嚴學與五臺山〉〔J〕，《五臺山研究》，1988 年第 1 期，第 22～26 頁。

6. 徐紹強，〈法藏圓融哲學的思維特色〉〔J〕，《法音》，1991 年第 12 期，第 23～27 頁。

7. 方立天，〈華嚴宗心性論述評〉〔J〕，《中華文化論壇》，1994 年第 4 期，第 18～24 頁。

8. 小島岱山，〈五臺山佛教文化圈內的華嚴思想──五臺山系華嚴思想的特徵和發展〉〔J〕，《五臺山研究》，1995 年第 1 期，第 14～18 頁。

9. 姚衛群，〈華嚴宗與般若中觀思想〉〔J〕，《中華文化論壇》，1996 年第 4 期，第 74～78 頁。

10. 徐紹強，〈法藏的「無盡緣起說」〉〔J〕，《佛學研究》，1996 年，第 145～153 頁。

11. 邱高興，〈李通玄與法藏的佛學思想比較〉〔J〕，《世界宗教研究》，1998 年第 1 期，第 36～43 頁。

12. 廖明活，〈華嚴宗性起思想的形成〉〔J〕，《中國文哲研究集刊》，1995 年

第 6 期，第 31～35 頁。

13. 廖明活，〈智儼的「緣起」和「性起」思想〉〔J〕，《佛學研究中心學報》第 2 期，1997 年第 7 期，第 53～71 頁。

14. 莊崑木，〈略論華嚴別教一乘與同教一乘之異同〉〔J〕，《法光學壇》，1997 年第 1 期，第 79～88 頁。

15. 華方田，〈中國佛教宗派——華嚴宗〉〔J〕，《佛教文化》，2005 年第 4 期，第 11～17 頁。

16. 李鍵超，〈終南山至相寺的創立與華嚴宗的形成——兼談三階教與至相寺〉〔J〕，《華夏文化》，1998 年第 4 期，第 60～62 頁。

17. 方立天，〈華嚴宗的現象圓融論〉〔J〕，《文史哲》，1998 年第 5 期，第 68～75 頁。

18. 向世陵，〈見理見性與窮理盡性——傳統儒學、佛學（華嚴禪）與理學〉〔J〕，《中國哲學史》，2000 年第 2 期，第 26～34 頁。

19. 董群，〈論華嚴禪在佛學和理學之間的中介作用〉〔J〕，《中國哲學史》，2000 年第 2 期，第 35～43 頁。

20. 小島岱山、黃玉雄，〈中國華嚴思想史的再認識——五臺山系華嚴思想與終南山系華嚴思想〉〔J〕，《五臺山研究》，2000 年第 4 期，第 13～17 頁。

21. 崔珍晳，〈重玄學與宋明理學——以重玄學、華嚴宗以及程朱理學之間的比較為中心〉〔J〕，《世界宗教研究》，2000 年第 4 期，第 65～70 頁。

22. 李耀仙，〈判教是中國佛教發展的必然趨向〉〔J〕，《中華文化論壇》，1995 年第 4 期，第 64～72 頁。

23. 李安澤，〈「廣大和諧的哲學」——方東美的華嚴宗哲學探究〉〔J〕，《哲學研究》，2007 年第 11 期，第 49～53 頁。

24. 楊婷、王秋菊，〈從華嚴宗「一多」關係到朱熹的「理一分殊」——試論儒佛之異同〉〔J〕，《青海社會科學》，2002 年第 5 期，第 62～64 頁。

25. 陳英善，〈就《華嚴法界觀門》論華嚴思想之演變〉，《中華佛學學報》，1995 年第 7 期，第 373～396 頁。

26. 馮煥珍，〈六世紀華嚴學傳承考辨〉〔J〕，《世界宗教研究》，2001 年第 2 期，第 40～50 頁。

27. 邱高興，〈原始佛教「因緣」義考察——以四《阿含經》為中心〉〔J〕，《吉林大學社會科學學報研究》，2004 年第 4 期，第 27～32 頁。

28. 王頌，〈從日本華嚴宗的兩大派別反觀中國華嚴思想史〉〔J〕，《世界宗教研究》，2005 年第 4 期，第 9～17 頁。

29. 習細平，〈略論智儼法界緣起思想的核心及其思維特色〉〔J〕，《理論界》，2006 年第 10 期，第 148～149 頁。

30. 聖凱，〈攝論學派與早期華嚴宗的形成〉〔J〕，《宗教學研究》，2008 年第 1 期，第 80～90 頁。

附錄　原因與結果辯證關係的再認知
——以華嚴宗智儼「六相圓融」為中心

摘要

　　古往今來，許多哲學家思想家都對「因果關係」這一古老的哲學範疇作以闡明。佛教把因果關係視為「實理」和「根要」，中國佛教的因果關係融合了印度佛教的因果報應理論與中國固有的因果報應觀念，形成了自身特有的理論特色。華嚴宗即是其一，二祖智儼認為「因」決定「果」之必然的不變關係處於永不停歇的客觀的生滅相續的運動變化中。「因」決定「果」之必然的關係具有條件性。因緣果三者為相攝相容，圓融無礙。在整體性、開放性、動態中把握因果關係，雖然採用矛盾分析方法，但認為主觀上要消除差異，才能達到對事物的全面的科學的把握。可是把認識的相對性絕對化，同樣影響了人們對事物的全面的科學的把握。認識本身是一個反覆循環和無限發展的過程，是在實踐基礎上沿著科學性方向不斷深化發展的過程，也是實踐在認識的指導下沿著合理性方向不斷深入推進的過程。

關鍵詞：因果、華嚴宗、因門六義、六相圓融

一、引言

　　自然界，人類社會，人的思維，整個世界是一個普遍聯繫的有機整體。孤立的事物是不存在的，事物之間以及每一事物內部的各個部分、諸要素之間存在著相互影響、相互制約、相互作用。當然聯繫具有條件性，普遍的聯繫也是通過中間性的聯繫和過渡性環節而實現的。原因與結果是事物、現象或過程之

間的一種重要關係，是一對古老的哲學範疇，是哲學和科學研究的重要問題之一。每一事物，現象，之所以出現，存在是有原因的，任何原因都必然引起一定的結果，原因，條件決定了結果的發生。關係與聯繫有所區別，關係則多從靜態來描述其狀態，聯繫多從動態來描述事物之間相互作用和相互影響的過程。古往今來，不同的思想家哲學家對於原因與結果提出了各自的看法。但簡而言之有兩類：第一類認為因果是事物間所固有的一種客觀規律，在自然界客觀存在著引起和所引起的因果關係，而且並不以人的主觀意志為轉移，我們只是對它進行發現和總結。第二類認為，因果律是人主觀認識的一種產物，作為人類主觀認識的產物又可分為兩類，一種如康德，他認為「認識的過程是一個對象被納入到我們的先天認識框架中的一個過程，不是對象賦予我們以知識，而是我們的先天認識框架賦予了對象以某種形式，從而形成知識」。〔註1〕「康德在對因果律的論證中把客觀的東西放在主觀性的基礎上，將客觀的東西理解為本身是由主觀的東西所建立起來的，使主觀的東西成為了一種自身客觀化的活動」；〔註2〕總之，康德認為因果律是人類一種先天認識框架，一種如休謨，認為因果律是對於習慣常識的一種總結，是人類後天經驗所得，並不具有決定的必然性。在休謨看來因果律關乎「實際的事實」，而不涉及「觀念的關係」。因果律既是經驗認識的基礎，又從經驗中得來。「因果律從邏輯上看沒有普遍必然性，但從心理上看具有普遍必然，它是一種重複聯想習慣所造成的信念。因果律具有『心理必然性』或『經驗確實性』，它是經驗知識擴展的基礎。」〔註3〕除此以外，還存在一些觀點把因果歸入超驗的理念，這一理念看起來是存在與外界客觀的，但歸根結底還是認識所投射的。佛教的因果認識，大致上屬第二類，雖然佛教的部分派別是承認物理世界的因果律的，但這樣的認識由於與修行解脫無直接的聯繫，相關論述大多集中於因明學這種專業的範圍之內，且與教義無密切關聯」。〔註4〕佛教認為因與果的關係是構建宇宙人生的最重要的關係，涵蓋宇宙萬象，也是佛教的真實理論和根本要義，是佛教人生觀、倫理觀的思想基礎。強調事物現象因與果之間的必然性關

〔註1〕魏豔芳，〈論康德在《純粹理性批判》中所進行的「哥白尼式革命」〉〔J〕，《理論界》，2011年第1期，第100～102頁。

〔註2〕鄧曉芒，〈康德論因果性問題〉〔J〕，《浙江學刊》，2003年第2期，第41頁。

〔註3〕張志林，〈休謨因果問題的重新發現及解決〉〔J〕，《哲學研究》，1998年第5期，第45頁。

〔註4〕王頌，〈華嚴之因果別義學說〉〔J〕，《中國哲學史》，2016年第1期，第111頁。

係，有因必有果，因滅果必滅的規律。佛教因果報應到底存在與否，現代科學對因果三世，六道輪迴給予了有力的回擊。但現實生活中確實存在害人即害己，助人即助己。孔子對這一複雜的問題採取了存而不論，敬而遠之的態度，「不語怪力亂神」「畏天命」。佛教的因果報應說本身不是一個科學問題，而是一個信仰問題，同上帝是否存在一樣，是一種信仰的重建。「著重現實人生命運的改變，現實人倫的調整，現世人生心智性靈的啟悟，以及理想德治社會的設計。」〔註5〕用因果關係把人生福禍命運好壞和人自身的思想行為聯結起來，這給人們提供了改變自己命運的希望和動力，充分調動了人的主動性和自律性。隨著因果報應說在中國逐漸深入人心，也需要在理論和思想上具有一定深度，高度以回應更多質疑和批判。中國佛教的因果報應說具有許多自身所特有的理論特色，是印度佛教的因果報應理論與中國固有的因果報應觀念不斷妥協融合的產物，華嚴宗作為中國八大宗之一，其哲學理論色彩深厚，對世間現象之間的關係以及概念之間的關係的分析，達到了很高的理論思維水平。智儼在其著作《搜玄記》卷三下解釋「第六地中十觀之第八因緣觀」，著作《五十要問答》之「四十三如實因緣義」中，就主要闡釋了因與果的關係。

二、「因」決定「果」之必然的不變關係處於永不停歇的客觀的生滅相續的運動變化中

　　原因與結果是事物引起和被引起關係的一對範疇，原因就是引起某種現象的現象，結果就是被某種現象所引起的現象。在原因與結果關係中，原因直接決定了結果的發生，肯定「因」的決定性作用。一定的原因（某種現象），必然引起與其對應的結果（另一現象）。原因決定了結果，必然會產生一定結果。在智儼看來，一切因，在緣起方面有六個涵義，即是說，以六義分析因緣，因具決定之作用，起主要直接作用，緣乃發果之能，起間接輔助作用。諸法待因緣和合而生，不可專從「因」或「緣」的力用上理解，也不可專從「因」與「緣」兩力用的「合力」上體會，而應當合因的具有「空」「無」兩義、「有力」「無力」兩義與「待緣」「不待緣」兩義上加以領悟。智儼在因門六義第一義「空有力不待緣」，包含了三個層面，「空」，「有力」，「不待緣」，其中「有力不待緣」，因不僅具有力量，作用，而且具有決定作用，不需要借助條件。是

〔註5〕郭征宇，〈簡論佛教的因果報應說〉〔J〕，《晉陽學刊》，2005年第4期，第62～65頁。

「有力不待外緣所以有力不待緣，為因體未對緣事自遷動故」。智儼認為原因決定了結果的發生，肯定「因」的決定性作用。同時也是在承認原因產生結果的必然性，這都是在強調因對果所具備的客觀規律性，因客觀地決定了果的存在，並不以人的主觀意志為轉移。但需要指出的是，這個因，實質是「空」，佛教認為緣起性空，萬物不斷往上追尋原因，分析原因，最終就會得出，萬物之本體「空」，此「空」乃不變之真理實相，無有分別。所以從「體」而言，是「空」，雖然萬物的「體」為空，「體」為如來藏平等不增減〔真如法性〕，但此體是有力量，有作用。但是，在這裡智儼認為是「念念滅故」，所以「體」為空。智儼認為一旦「因」在特定關係中出現，相對於自身的存在方式而言就是「果」的「因」了，發生了變化，「生時」即是「滅時」，中間沒有「所住」之間際。因果作為佛教核心要義，基本定律。智儼首先是肯定了因能產生果的客觀性，必然性，肯定「因」的有力和作用能產生「果」這一關係的必然存在，同時也強調了因果關係在空間上的無限豐富性。在第二義「決定是有有力不待緣」中，也是突出了「因」所具有引生果的全部力用，因決定了果，而不需要借其他外緣，輔助條件助其產生「果」。由於未借助外緣輔助條件，不隨緣，性不改，自成故，此「因」體不變而能產生果，相對於緣來解說就是「有」，所以是「有有力不待緣」。但是第一義「空有力不待緣」與第二義「有有力不待緣」雖然突出了因對果的決定性作用，承認因果關係的客觀性，以及事物運動變化的絕對性，事物無條件地不停地變動著。但是否定了運動過程中相對的靜止。靜止有兩種狀態：一是空間的相對位置暫時不變；二是事物的根本性質暫時不變。靜止不是完全的靜止，完全的不運動，而是在一定條件下、一定時空範圍內物質運動變化處於暫時穩定和平衡狀態，是相對的，有條件的，時空範圍內的靜止。

三、「因」決定「果」之必然的關係具有條件性

唯物辯證法認為，事物之間以及每一事物內部的各個部分、諸要素之間存在著相互影響、相互制約、相互作用的客觀的普遍的聯繫。智儼在「因門六義」的其餘四義，即「有有力待緣」，「空無力待緣」，「有無力待緣」，「空有力待緣」中就突出了聯繫的客觀性，普遍性，而且還特別強調了在特定的「因果」關係中借助外緣其他條件的重要性。這裡是「待緣」，需要借助除「因」之外的其他「緣」條件產生「結果」。因具決定之作用，起主要直接作用，即是事物的

根本原因，重要條件。緣乃發果之能，即是事物發展變化的輔助條件。佛教認為一切有為法，皆待緣而起。萬事萬物（一切有為法）都是由各種因緣，種種條件和合而成，處在因果聯繫的網絡中，任何事物皆依特定的條件而產生，各種條件之相互依存，相互的作用而變化，此理稱為緣起。這是佛教基本教理，核心理論之一。第一義「空有力不待緣」第二義「有有力不待緣」產生果，突出的是因果相續，「因」的決定性作用，因就是果的因，這個因注定會產生果，而且從是從「因」產生那一剎那就已經產生「果」了，只是這個「果」不明顯，微弱而已，或只存在主體的思想意識中。相對於自身的存在方式而言「因」一旦在特定關係中出現就是「果」的「因」了，發生了變化，所以為「空」。「有有力待緣」即是說，只有借助外緣，其他輔助條件，才具有自「因」之力量和作用，產生自「果」，真如本體隨緣而顯現諸法，此「因」相對於「果」來解說是為「有」，故稱「有有力待緣」。「空無力待緣」即是只有借助外緣，其他輔助條件，才引生「果」，這個「因」相對於外緣，輔助條件是「非有」為「空」「無力」，所以是「空無力待緣」。正如智儼所言「觀因緣，是空無力待緣，所以知者為待外緣唯顯親因非有無力能生果也」。「有無力待緣」，萬事萬物待緣而起，就因與緣的相互關係而言，此「因」若欲引生果則必借其他條件相助，沒有其他外緣條件即不能生果，此生果之力用全屬於緣，真如本體隨緣而顯現之諸法，是為「有」之義，所以稱為「有無力待緣」。「空有力待緣」，突出的是萬法待緣而起，以此說明，萬法的體性，法存立之根本條件，法之本質為「空」。一切有為法的事物都依特定的條件而產生，因相互的作用而變化，待緣而起。唯其如此，說明任何事物都沒有獨立不變的自性，所以本性為「空」。而且待緣而發生作用，即任何事物皆依特定的條件而產生相互依存，相互的作用，所以是「有力」。智儼在這裡突出強調了條件對結果發生的決定性作用，但其實條件也分為有利條件和不利條件，對事物發展的結果起到支持，促進或制約，阻礙作用。而且作為主體的人也是可以改變條件的，並非被動接受，消極無為，是可以經過努力，化不利條件為有利條件，促進，支持，推動事物發展的結果朝著有利於人的發展的方向發生，進而達到我們需要的結果。只是必須在尊重事物發展的客觀規律基礎上，改變和創造條件，不是任意的，強行的，改變事物發展的條件，否則就是揠苗助長。在實際工作中，既要看到條件的制約結果的發生，又要善於充分利用條件，並且要主動化不利條件為有利條件。

四、因緣果三者為相攝相容，圓融無礙關係

在智儼看來，因與果的關係並不是一般所理解的因果關係，一般認為因果關係像時間一樣單向的或如鐘錶指針一樣順時序發生。智儼所講的不是這樣，而是變向的，或互向的因果關係；在這種因果關係中，時間意義已被超化。智儼為了更好地說明因緣果之間關係，還專門引出六相的概念。據華嚴三祖法藏的著書《華嚴經傳記‧智儼傳記》中記載：「後遇異僧來，謂曰：汝欲得解一乘義者，其十地中六相之義，慎勿輕也！……因則陶研，不盈累朔，於焉大啟。遂立教分宗，制此經疏。」〔註6〕可見，智儼悟得「六相」之深義遂「立教分宗」，「立教分宗」即立此教門分有華嚴宗，其標誌體現就是著成了《搜玄記》。由此，可以看出「六相」思想的重要地位，其實質在於對因緣果關係的解析說明。智儼在其著作《五十要問答》中對「六相」做了說明，「所謂總，總成因果也。二別義，別成總故。三同，自同成總故。四異，諸義自異顯同故。五成，因果理事成故。六壞，諸義各住自法，不移自性故。」〔註7〕智儼用概括性的語言，對「總」、「別」、「同」、「異」、「成」、「壞」六相做了解釋。認為一切緣起之法，都具有此六相，不具六相，則不能緣起。所謂總，就是因果的全體。世間萬有從佛教的觀點看，不外是因果，因此，因果即是總。所謂別，就是構成因果總體的各個部分。單個的事物的因果都屬於別。所謂同，就是指千差萬別的因果關係構成一個總的因果世界，具有同一性。而所謂異，則指各種因果關係都有自身的獨特性，而正是因為這種獨特性，才體現了構成總體的統一性。所謂成，指事物的因緣具足，有了結果。所謂壞，指各種因果本性都沒有改變，對於所成就的果來說，就是壞。因門六義總為一「因」，即是這因門六義都是再說明「因」的問題，所說總為一「因」，而這一「因」裏能開出六義，即「因」的六種情況，即是別相，六義都不逃出「因」這一範圍，故齊名為「因」，是謂同相，六義各不相知，各各不同，此謂異相，由此六義，得成為因，是為成相，六義各住自位是壞相。如房屋具有梁、柱、磚、瓦等眾緣而成為一總體，房屋即是一總相。如形成一房屋的梁、柱、磚、瓦、椽等各個部分各不相同，構成房屋之各個部分是別相。如梁、柱、磚、瓦、椽等雖形相各有別，各有其不同之作用，而不互相妨礙，而都屬於造屋的材料，最後能和合成一屋，是為同相。如梁、柱、磚、瓦、椽等都屬於造屋的材料，但各自有

〔註6〕《大正藏》第51冊，第163頁。
〔註7〕《大正藏》第45冊，第531頁。

各自的形相和作用，是為異相。如椽梁、柱、磚、瓦、椽等相依相成為一房屋。
是為成相。如梁、柱、磚、瓦、椽等本來各自獨立存在，如果保持其獨立，這
種分離狀態就不會形成房屋，是為壞相。而問題的關鍵核心是「六相圓融」即
「總別相即」、「同異相即」、「成壞相即」。「別」是包括「椽」、「瓦」等在內的
具體的「別」，它所組成的「總」也是具體的「總」，這樣，屬於整體（總）的
部分（別）之間也發生了關係，整體中的某一部分不僅與整體有聯繫，受整體
制約，同時也受這個整體中的其他部分制約，所謂「未有瓦等時，不是椽」。
「椽」不僅相對與「舍」才成為「椽」，而且也是相對於「瓦」才能為「椽」。
進一步說，當「椽」存在時，「舍」是完滿無缺存在的。組成「舍」的所有部
分都不是「舍」，但是，它們又都分別和「舍」相等同，因為，當說「椽」時，
「瓦」等組成「舍」的一切都包括無遺了。這種關係稱作「總別相即」。就是
說，如果沒有部分（別），就沒有整體（總），這就是「以別成總」，再者，如
果沒有整體（總），也就無所謂部分（別），因為部分（別）只有在整體（總）
存在的前提下才是部分（別），這就是「以總成別」。在這裡指出了整體（總）
與部分（別）之間相互制約，相互依存的關係。在「六相」中，「總別」一對
最重要，其餘「同異」、「成壞」均從「總別」中引申出來。「同」與「異」、「成」
與「壞」同樣存在「相即」關係。最後得出椽即是舍、舍即是椽，以致於板、
瓦等等，悉皆是椽的論斷。總相即別相，別相即總相，此別相即彼別相。進而
提出每一事物都處於「總別相即」「同異相印」「成壞相即」的圓融狀態。全體
與部分、同一與差異、生成與壞滅是相即相入圓融無礙的無盡緣起關係，這是
對佛境界的體驗。

五、六相圓融的辯證思維特徵

　　智儼認為宇宙間一切事物和現象的生起變化，都不外乎六方面，用此來解
釋一切緣起的現象。他把六相分為三組，其中「總」、「別」一組，「同」「異」
一組，「成」、「壞」一組。在這三組中每一組具有圓融相即的關係，每一相與
其他相同樣具有圓融相即的關係。

（一）整體與部分圓融相即的辯證思維

　　六相中「總」、「別」關係即是整體與部分關係，智儼認為，「所謂總，總
成因果也。二別義，別成總故」。所謂總，就是因果的全體，因果的全體就是
整個世界。所謂別，就是構成因果總體的各個部分。單個的事物的因果都屬於

別。整體與部分的關係是被構成與構成的關係，部分構成整體。智儼在這裡是說明因果理論，因果是世界一切關係之基本理論，一切事物、物質、精神，以及所有現象之存在的基本理論，每一整體與部分，在智儼這裡是因果理論層面，因果理論可以解釋一切，每一部分現象也都可以說明。每一部分現象都是整體的說明。所以整體。整體與部分是圓融相即的關係，「相即者，對一切現象之本體而言，一方為空，另一方必定為有，同時共空或共有絕不能成立，經常兩者互融無礙，成為一體化」。例如，「一構成多之成立，故『一即一切』；於此，由一切（空）之立場而言，『自』之『一切』與『他』之『一』融合一體化；同時由一（有）之立場而言，『他』之『一切』盡攝於『自』之『一』而圓融一體化，故亦謂『一切即一』。反之，以一為空，以一切為有，亦同樣指『一即一切』。具此等關係者，稱為相即。」「相即」意味著一切事物在本質上都是相互貫通的，沒有孤立的個體存在。每一個事物都包含了其他所有事物，每個事物都是其他事物的一部分，它們在本質上是相互聯繫的。這種觀點強調了事物的整體性和內在聯繫。在佛教的修行實踐中，圓融相即的理念意味著要超越對立和分別，認識到一切法都是緣起性空的，沒有固定不變的實體，從而在修行中實現內心的平和與清淨。這種理念也體現了佛教的慈悲精神，鼓勵人們超越自我中心，理解和包容一切生命，實現和諧共處。

（二）同一與差異圓融相即的辯證思維

六相中「同」、「異」關係即是同一與差異關係，智儼認為，「三同，自同成總故。四異，諸義自異顯同故」。所謂同，就是指千差萬別的因果關係在構成一個總體世界時具有了統一性。而所謂異，則指各種因果關係都有自身的獨特性，而正是因為這種獨特性，才體現了構成總體時的統一性。在智儼看來，同一與差異也是圓融相即的，同一與差異雖是兩層面，但始終圍繞因果之理，因果之律。同一是相對於整體而言，正因為都具有同一性，才能夠構成整體。但就每一個別每一部分相對於其他個別而言又各不相同，但是都顯示一理。同一與差異的圓融相即與整體與部分圓融相即是相對於一切現象之本體而言，不是現象層面，從更加根本的角度而言，同一就是相對於整體本質而言，差異相對於個別與個別之間，但千差萬別也是顯示因果之理，因果之律。同一是表現因果之理，因果之律的同一，差異也都是表現因果之理，因果之律的差異，同一是因果之理，因果之律的表現，差異也是因果之理，因果之律的表現，同一與差異圓融相即，看到同一性，差異性就被忽略，看到差異性，同一性被忽

略，但都顯示一理。在本質上，同一與差異都是相互貫通的，兩者互融相即，世間萬事萬象無論多麼差異，其本質上都是因果之理，因果之律，這也突出了事物的整體性和內在聯繫。

（三）生成與壞滅圓融相即的辯證思維

六相中「成」、「壞」關係即是生成與壞滅關係，智儼認為，「五成，因果理事成故。六壞，諸義各住自法，不移自性故。」。所謂成，指事物的因緣具足，有了結果。所謂壞，指各種因果本性都沒有改變，對於所成就的果來說，就是壞。生成，是因果之理，因果之律，壞滅，也是因果之理，因果之律。生成是就因果而言有新果成而言。壞滅是就因果而言還未有新果成。但都是因果之理，因果之律的顯現。生成與壞滅圓融相即，與同一與差異的圓融相即，與整體與部分圓融相即都是相對於一切現象之本體而言，不是現象層面，從更加根本的角度而言，生成就是相對於總的因果之理，因果之律而言，壞滅也就是相對於總的因果之理，因果之律而言，只是各自的因果還在，還在堅守各自因果之理，因果之律，未有新果生成。生成說明因果之理，因果之律又一新的因果生成，壞滅也是說明因果之理，因果之律，只是還未有新的果成，只是各自因果發揮效用。無論生成還是壞滅都為說明因果之理，因果之律的效用。生成與壞滅圓融相即，看到生成新果，上一因果就被忽略，相對於新果這就是壞滅，但依然是因果的效用。看到未有新果的生成的壞滅，那麼新果的生成就沒有發揮效用，但都顯示因果之理，因果之律。在本質上，生成與壞滅是相互貫通的，兩者互融相即，世間萬事萬象無論是生成還是壞滅，其本質上都是因果之理，因果之律，這也突出了因果之理，因果之律的效用。

結語：對智儼因果圓融無礙辯證關係的再認知

智儼在分析事物的具體的因果關係中，確立整體性、開放性的觀念，從動態中把握事物之間的因果關係。重點是運用辯證思維，採取了矛盾分析方法，在對立統一中把握因果關係。智儼提出了全體與部分、同一與差異、生成與壞滅的矛盾概念。特別是把「總」與「別」的觀念推而廣之，用來泛指客觀世界普遍存在的矛盾雙方。並指出矛盾雙方是相互對立的，又是相互依存的，表現了豐富的辯證法思想。在此基礎上智儼得出「總別相即」、「同異相即」、「成壞相即」，認為要消除這種差別和對立，才可以讓各部分的功能充分發揮，差異的事物更加充分展開，進而達到對事物的全面的科學的把握。而且智儼不是簡

單地抹殺差異性，而是著重只從主觀上消除差異。顯然這具有積極意義，但把人們認識的相對性絕對化，否定事物間的一切差別，把它們各自的規定性、穩定性、特殊性的一面全部被取消、抹殺了。同時也否定了真理的絕對性，客觀性以及人們認識真理的可能性。雖然「人不能完全地把握＝反映＝描繪整個自然界，它的『直接的總體』，人只能通過創立抽象、概念、規律、科學的世界圖景等等永遠地接近於這一點。」〔註8〕任何真理都只能是主觀對客觀事物近似正確即相對正確的反映。但也不能否認真理的絕對性，真理是對客觀事物及其規律的正確反映，正確反映是指真理是在實踐基礎上主體認識對客體本質和規律的符合，一致和接近。由於真理是對客觀事物及其規律的正確反映，所以真理包含著不依賴於人和人的意識的客觀內容。同時同謬誤有原則的界限，這一點是絕對的，無條件的。智儼再此突出佛智，佛境界的體驗，凡夫看事相各各隔礙，不具六相，但就佛的境界所見諸法一一事相中，都見此六相圓融，全體與部分、同一與差異、生成與壞滅是相即相入圓融無礙的無盡緣起關係。但認識的本質是主體在實踐基礎上對客體的能動反映，人的認識是一個反覆循環和無限發展的過程，是在實踐基礎上沿著科學性方向不斷深化發展的過程，也是實踐在認識的指導下沿著合理性方向不斷深入推進的過程。一般認知下實踐是自覺能動的，但還具有客觀實在性及社會歷史性，所以一般的認識脫離不了個體的認知結構，思維模式，習慣勢力，擺脫不掉客觀條件的制約和客觀規律的支配及社會歷史條件的制約。理論上的圓融，現實中的對立，理想與現實本身就是一對矛盾，是對立統一的關係。理想是觀念的，「應然」的，完美的，現實是是客觀的，「實然」的，有缺陷的。之所以會有圓融的理想境界，正是來源於現實中的對立，從而產生圓融的理想境界，而在對立現實中也孕育著理想。

〔註 8〕 《列寧專題文集·論辯證唯物主義和歷史唯物主義》，人民出版社，2009 年版，第 137 頁。

致謝語

　　日月荏苒，歲月如梭，回想這篇稿子完成到今年已有 14 年了。當時校園時光簡單美好，娛樂很少，手機只是電話短信功能，只記得大腦每天有輸入，有輸出，一坐就是半天半天的寫字，打字。雖偶感單調枯燥，因為每天三點一線，寢室——食堂——圖書館（教室）往返生活，但內心是充實的，實在寫不下去時，就想這份工作總要有人去整理，去寫作，我做了，做好了，後面的人就可以拿來參考用。想到這裡就又有動力堅持下去，一點點一步步完成。感謝那時的自律，嚴謹，專注，擔當。工作後，一直想要完善，繼續做下去，但都無疾而終。想來也是沒有處理好教學與科研，家庭與工作的關係，最關鍵是自己有所懈怠，沒有很好的規劃，自欺欺人，沒有一定的魄力，意志力。今天有機會出版，感觸良多，一是寫傳統文化經典真不會過時，這需要感謝領我入門的劉少航老師，她既有大家閨秀的氣質，又有小家碧玉的親和力，關鍵是智慧才華深深吸引了我，聽她講中國哲學史，是一種享受，視聽盛宴，頭腦風暴。感覺每次課都有收穫，要麼群雄爭辯，要麼心靈洗禮，要麼眼界大開……，最終在她的引導下，我周圍同學都報考法律研究生或思想政治教育研究生時，我堅定選擇了中國哲學專業，並且如願考上了研究生。真的很感激她，生命父母給予理應感激感恩。老師給予慧命，亦當感恩。能夠完成這篇書稿，自然要感謝我的博士導師邱高興老師，他溫文爾雅，謙謙君子，溫潤如玉。言談舉止都很嚴謹認真，不苟言笑，即使微笑示人，但總感覺威儀加身，每當聽師兄師弟師妹說起老師隨和，平易近人，但我感覺他是「厲害的」，雖然一次也沒見到他和誰發火或大聲說話，但就自帶威嚴。可能經過老師一番工夫苦練快要到達孔子的氣質，「望之儼然，即之也溫」。邱高興老師現在依然很忙碌，嚴謹地工

作，踏實地做學問，做事業。當然還要感謝韓煥忠老師，沒有他也就沒有這次機會出版書稿，雖然和韓老師是在開會期間認識的，但早就耳聞大名，不是他的名聲真的很大，而是我在寫一篇文章時讀到他的《佛教四書學》，深深被他的論證折服了，當時不相信坐在我旁邊的就是他，真是很興奮又幸運的感覺。可能老天爺看我好學，安排一下吧。韓老師給人憨厚，忠實的感覺，事實也是如此，後有幾次會議見到，總是願意聽他講話。韓老師「即之也溫，聽其言也厲」，雖咋一看不像學者，但一聽講話就被折服了，原來韓老師是用這忠厚的態度下工夫做學問，久而久之，人如其文，文如其人。何其有幸，認識三位老師，山高水長，師恩難忘。不知他們三人是否有機會看到我對他們的印象描述，只是有感而發，藉此感謝一下對我關照的前輩，遙祝他們平安喜樂，順遂無憂。未曾當面表達過，藉此文字，聊以自慰。

感謝寫書稿的自己，提供了書稿，感謝指導我寫作書稿的邱老師，是他成就了書稿，感謝韓老師，是他推薦了書稿，還要感謝花木蘭文化事業有限公司，出版社的楊嘉樂老師，是你們在為書稿的校訂，排版，出版，做了許許多多瑣碎的事情，為他人做嫁衣。書稿得以成書，果然多方助力，不是某一原因決定的，每一原因背後又有很多原因，這緣起還真是無盡緣起，事事之間相互融攝、相即相入、重重無盡。

寫於青島市黃島區筆架山腳下